HEYNE BÜCHER

HEYNE KOCHBÜCHER

ECKART WITZIGMANN

Meisterwerke aus der Drei-Sterne-Küche

Meine Tantris-Rezepte

WILHELM HEYNE VERLAG
MÜNCHEN

HEYNE-KOCHBÜCHER
Nr. 07/4460

Allen Mitarbeitern im TANTRIS danke ich für die tatkräftige Unterstützung bei der Fertigstellung des TANTRIS-Kochbuchs, Herrn Gerald Gratzer für seine Ratschläge zu den Weinempfehlungen.

Eckart Witzigmann

Für die Fotos stellten folgende Firmen freundlicherweise Tisch-Accessoires zur Verfügung:
Rosenthal Studio-Haus, München-Schwabing, House & Garden, München, Steigerwald, München, Nina Lindemann, Hamburg-Eppendorf

Printed in Germany 1986
Umschlaggestaltung: Atelier Ingrid Schütz, München
Satz: Dörlemann-Satz, Lemförde
Druck und Bindung: Appl, Wemding

ISBN 3-453-40444-0

INHALT

VORWORT

Es gibt Münchener Feinschmecker, die ihre kulinarischen Erfahrungen in die Zeit »vor Witzigmann« und die Zeit »seit Witzigmann« einteilen. Das mag vielleicht ein wenig dramatisch klingen; aber wenn wir uns in Erinnerung bringen, wie vor Witzigmann, nämlich vor der Eröffnung des TANTRIS im Jahre 1971, die gastronomische Landschaft aussah - nicht nur in München, sondern in der Bundesrepublik ganz allgemein -, dann ist diese Zeiteinteilung schon einleuchtender. Wo gab es denn damals kulinarische Verfeinerung auf diesem Niveau? Bestenfalls existierte eine sogenannte gepflegte Küche, in der überlange Kochzeiten und mehlgedickte Saucen eine Komplizenschaft eingegangen waren, der das feinste Fleisch und die edelsten Fische zum Opfer fielen.
Eine Ahnung davon, was Große Küche sein kann, was sie sein sollte, bekam damals nur, wer auf den bekannten Feinschmekker-Routen durch Frankreich reiste. Höhepunkte, damals wie heute, waren die Küchen der Haeberlin und Bocuse. Bei beiden hat Eckart Witzigmann gearbeitet. Die Großmeister fanden die Leistungen des jungen Österreichers so überzeugend, daß sie nicht zögerten, ihn für die verantwortungsvolle Aufgabe zu empfehlen, die auf den Küchenchef eines neuen Münchener Restaurants wartete, das nach den kühnen Vorstellungen seines Gründers nicht mehr und nicht weniger als ein gastronomischer Tempel werden sollte. Das ist das TANTRIS unter Eckart Witzigmann tatsächlich geworden. Durch kompromißlos moderne Architektur schon äußerlich nicht mit der herkömmlichen Barock-Gastronomie vergleichbar, wurde das Restaurant zum Symbol für eine Erscheinung, die man eigentlich nicht für möglich gehalten hatte: das deutsche Küchenwunder! Heute reisen Witzigmanns französische Kollegen erwartungsvoll nach München, um bei ihm zu essen. Seine

deutschen Gäste aber haben im TANTRIS häufig zum ersten Mal Bekanntschaft mit der Neuen Küche gemacht, mit jener modernen Art, leicht und bekömmlich zu kochen, die man auch die Zweite Französische Revolution genannt hat.
Dabei sind Köche keine Revolutionäre; auch Witzigmann ist keiner. Selbst wenn sie ein neues Rezept erfinden, wird es nie eine absolut originelle Erfindung sein. Verbesserungen, Weiterentwicklungen, Neuerungen im Detail – ja. Ohne Kreativität wird keiner ein großer Koch. Kein großer Koch aber wird die Leistungen der Vorgänger ignorieren, die Einflüsse seiner Vorbilder leugnen wollen. Auch Witzigmann bekennt sich zu ihnen. Es sind neben den erwähnten Haeberlin und Bocuse der Avantgardist unter den zeitgenössischen Köchen, Michel Guérard, und – Elemente der Regionalküchen. Ob er den Kaiserschmarrn seiner österreichischen Heimat backt, ein Lebkuchen-Soufflé mit Kölnischem Altbier kreiert, ob er die in der Großen Küche normalerweise nur als »Personalessen« vorkommenden Entenherzen zur Delikatesse aufwertet oder den bürgerlichen Kalbskopf – von Dogmatik hält er nichts. Seine Maxime ist so simpel wie riskant: »Der Gast muß zufrieden sein!« Das fordert er immer wieder von sich und seinen 14 Köchen, das verfolgt ihn, buchstäblich, bis in den Schlaf. Wenn man einen Koch einen Künstler nennen darf, dann gewiß wegen dieser monomanischen Besessenheit, die nur ein Thema kennt: seine Arbeit.
Trotz Entenherzen und Kaiserschmarrn werden die Rezepte dieses Buches vielen Lesern revolutionär vorkommen; alltäglich sind sie nie. Hier wird eine Küche demonstriert, die gleichzeitig einfach ist und aufwendig; die raffiniert ist bis zum Luxus, andererseits aber nichts weniger als vernünftig auf unsere modernen Lebensgewohnheiten reagiert. Es ist die TANTRIS-Küche, wie sie jedem unvergeßlich bleibt, der auch nur einmal dort zu Gast war.
Wenn ein solches Restaurant sich selbst nur das Beste abverlangt, wo doch schon das Gute billiger wäre, dann ist das zwangsläufig eine Ausnahme in der Gastronomie. Diese seltenen Hochburgen der Kochkunst sind, wie es im einschlägigen Jargon heißt, eine Reise wert – und meistens ist eine Reise auch

nötig; denn an der nächsten Ecke sind sie nicht zu finden. Macht man sich daran, Witzigmanns Rezepte nachzukochen, steht einem eine ähnliche Entdeckung bevor, und zwar spätestens, wenn es darum geht, 150 Gramm frischen Sauerampfer aufzutreiben. Solche Zutaten in der benötigten Qualität zu beschaffen, kann im Zeitalter der Tiefkühlkost ebenfalls eine Reise notwendig machen. Die Zutaten sind es nämlich, die diese Küche extravagant machen, nicht die Zubereitungsmethoden! Dabei handelt es sich bei den Zutaten keineswegs um unbekannte, exotische Raritäten - für spektakuläre Verfremdungen ist in der Großen Küche kein Platz -, sondern um so einfache Dinge wie die bessere Sahne, den richtigen Essig, um die Qualität der Grundprodukte Fleisch, Fisch und Gemüse, an die ein Meisterkoch wie Witzigmann die höchsten Ansprüche stellt. Wer je versucht hat, ein körnergefüttertes Huhn zu kaufen, das seine Jugend nicht im Käfig, sondern auf der Wiese verbracht hat, der mag einen Begriff davon bekommen, wo die Schwierigkeiten beim anspruchsvollen Kochen beginnen. Der Rest ist dann oft gar nicht so schwer. Denn Kochen, auch auf höchstem Niveau, ist kein Geheimnis und selten ein Kunststück. Nur mühsam ist es, weil man sich immer Mühe geben muß, wenn das Resultat überdurchschnittlich sein soll.
Ich habe Gelegenheit gehabt, Eckart Witzigmann bei der Arbeit in der funktionellen TANTRIS-Küche zu beobachten, und ich war dabei, als er zu Hause in seiner winzigen Küche für seine hübsche Frau und die Kinder kochte. Es geschah beide Male mit der fast artistischen Geschicklichkeit, die den Profi verrät. Aber gezaubert hat er nicht.
Verzauberung jedoch setzt ein, wenn mir im TANTRIS ein Teller serviert wird, auf dem dekorativ und appetitlich, verführerisch und vielversprechend, kostbar komponiert und köstlich duftend, ein Arrangement von sinnenbetörender Schönheit angerichtet ist, das zu allen Überfluß auch noch eßbar ist - mit einem Wort: Große Küche, wie man sie »seit Witzigmann« dort in vollendeter Form findet und genießen kann.

Wolfram Siebeck

HORS-D'ŒUVRE

Vorspeisen

Am Anfang des Menüs à la Witzigmann steht einer jener meisterhaft komponierten Salate, die je nach Jahreszeit auch Variationen erlauben; oder eine warme Vorspeise, die Zunge und Gaumen gleichermaßen in Spannung versetzt; oder eine der Terrinen, die viel verheißen und die Erwartungen noch übertreffen.

Délice de pointes d'asperges aux truffes noires à la crème

Délice de pointes d'asperges aux truffes noires à la crème

Spargelspitzen mit schwarzen Trüffelscheiben in Rahm-Dressing

Rezeptur für 1 Person

60 g weiße Spargelspitzen, 60 g grüne Spargelspitzen, 30 g schwarze Trüffeln, 1 Kopfsalat, 2 EL Crème fraîche, weißer Pfeffer aus der Mühle, Saft einer halben Zitrone, 1 EL feines Salatöl, 1 EL Kerbel

Vorbereiten

Die Spargelspitzen ca. 5 cm lang abschneiden, die Enden schälen.
Trüffeln unterm Wasserstrahl sauber bürsten und in messerrückendicke Scheiben schneiden.
Salat verlesen und waschen. Nur die zarten Blätter verwenden.

Zubereiten

Spargelspitzen in Salzwasser knackig kochen. Anschließend kurz in Eiswasser abkühlen und abtropfen lassen.
Die Crème fraîche mit Salz, Pfeffer und einigen Spritzern Zitronensaft abschmecken. Spargelspitzen und Trüffelscheiben beigeben und vorsichtig vermengen.

Anrichten

Die zarten Salatblätter mit Öl, Zitronensaft und einer Prise Salz anmachen und auf einem Teller anrichten. In die Mitte gibt man den Spargel-Trüffel-Salat und bestreut das Ganze mit einigen frischen Kerbelblättern. (Foto Seite 11)

Witzigmann rät

Statt frischer Trüffeln kann man auch Trüffeln aus der Dose (1. Wahl) verwenden.

Rondelles de tomates aux artichauts et champignons

Tomatensalat mit Artischockenböden und rohen Champignons

Rezeptur für 4 Personen

4 Artischocken, 1/2 Zitrone, 1–2 kleine Zwiebeln, milde Sorte, 150 g Champignons, 20 frische Basilikumblätter, 4 mittelgroße feste, reife Tomaten, Salz, weißer Pfeffer aus der Mühle, Zucker, 5 cl Olivenöl 1 EL Weinessig, 1 EL Zitronensaft

Vorbereiten

Artischockenböden: Die Stiele der Artischocken werden abgebrochen, sämtliche Blätter der Reihe nach entfernt und der obere Teil (etwa 3/4 des Ganzen) mit einem Säge-Messer waagerecht abgeschnitten. Mit einem kleinen rostfreien Messer wird das Grüne vom Boden vorsichtig abgeschnitten. Die Artischockenböden sollen eine glatte halbrunde Form erhalten, ohne daß allzuviel weggeschnitten wird. Sie werden sofort mit Zitronensaft eingerieben und in kaltes Zitronenwasser gelegt, dann knackig gekocht.
Zwiebeln sehr fein hacken. Champignons putzen und in nicht zu dünne Scheiben schneiden. Basilikum grob zupfen. Tomaten waschen, den Strunk entfernen und in Scheiben schneiden.

Zubereiten

Die Tomatenscheiben kranzförmig auf einem Teller verteilen. Mit Salz, Pfeffer, Zucker und Zwiebelwürfeln bestreuen. Mit Olivenöl und Weinessig beträufeln. Basilikum darüberstreuen. Die Artischockenböden vom Heu befreien, in kleine Scheiben schneiden und wie die Tomatenscheiben anmachen, allerdings statt Weinessig Zitronensaft verwenden.
Die Champignonscheiben mit Zitrone beträufeln. Mit Salz und Pfeffer abschmecken.

Anrichten

In die Mitte des Tomatenkranzes placiert man die Artischokkenböden-Scheiben und legt die Champignons herum.

Mousse d'asperges sur coulis d'écrevisses froid

Spargelmus auf kalter Krebssauce mit Krebsen und Spargelspitzen

Rezeptur für 4 Personen

Für das Spargelmus:

500 g Spargel, 180 g Béchamel-Sauce, 150 g Geflügel-Aspik, (oder Fertig-Gelee), Salz, Cayenne, einige Tropfen Zitronensaft und Worcestersauce, 1/2–3/4 l Sahne

Für die Béchamel-Sauce:

25 g Butter, 20 g Mehl, 1 1/2 dl Milch, Geflügel- oder Spargelbrühe, Salz, Cayenne

Für die Krebse:

16 Krebse (ca. 1 kg), 1 Bund Dill, 1 EL Kümmel, Salz, Cayenne

Für die Krebssauce:

500 g Krebskörper, 4 EL Olivenöl, 1 dl Cognac, 1 dl Weißwein, 1 dl Noilly Prat, 1 EL engl. Sellerie, 1 EL Karotten, 1 EL Zwiebeln, 30 g Dillstengel, 100 g feines Tomatenpüree, 1 l Wasser oder Geflügelbrühe, 1 dl Sahne, Salz, Cayenne, Dill

Vorbereiten

Béchamel-Sauce: Butter zerlaufen lassen, das gesiebte Mehl beigeben und 10 Minuten langsam anschwitzen, ohne daß es Farbe annimmt. Mit Spargelbrühe oder Milch auffüllen, glatt-

rühren, mit Salz und Cayenne abschmecken und 15 Minuten köcheln lassen.
Spargelmus: Den Spargel schälen, die Köpfe 4 cm lang abschneiden. Anschließend die Stiele im Dämpfer weichkochen, ausdrücken und im Mixer zusammen mit der Béchamel-Sauce mixen. Danach durch ein Sieb streichen, den lauwarmen Geflügel-Aspik unterrühren und mit Salz und Cayenne, Zitrone und Worcestersauce abschmecken. Kurz vor dem Erkalten wird die halbsteife Sahne unter das Spargelmus gezogen. In eine tiefe Schüssel füllen und kalt stellen.
Die Spargelspitzen in Salzwasser knackig kochen. Den Dill waschen und zupfen.
Krebse: Krebse waschen und in kochendem Salzwasser zusammen mit Dill, Kümmel und Cayenne 4 Minuten garziehen. Abkühlen lassen und ausbrechen.

Zubereiten

Krebssauce: Die Krebskörper werden in Olivenöl angeröstet. Danach das Öl abschütten und den Fond mit Cognac, Weißwein und Noilly Prat ablöschen und völlig einkochen. Nun Sellerie, Karotten, Zwiebeln, Dill und das Tomatenpüree dazugeben, mit Wasser oder Geflügelbrühe auffüllen und 20 Minuten kochen lassen. Anschließend durch ein Sieb passieren und nochmals bis zur Hälfte reduzieren. Auf Eis stellen, die Sahne unterrühren, mit Salz und Cayenne abschmecken.

Anrichten

Die Sauce wird auf vier kalte tiefe Teller verteilt. Mit einem Löffel, der vorher in heißes Wasser getaucht wurde, sticht man Nocken von dem Spargelmus ab und verteilt sie auf die Teller. Mit Spargelspitzen, Krebsschwänzen und Dill garnieren. (Foto Seite 17)

Witzigmann rät

Man kann das Spargelmus auch ohne Béchamel-Sauce zubereiten. In diesem Fall muß man jedoch mehr Gelatine-Blätter verwenden.

Salade de poireaux et truffes noires

Salade de choux rouge et cailles

Nid de laitue, à l'œuf poché et saumon

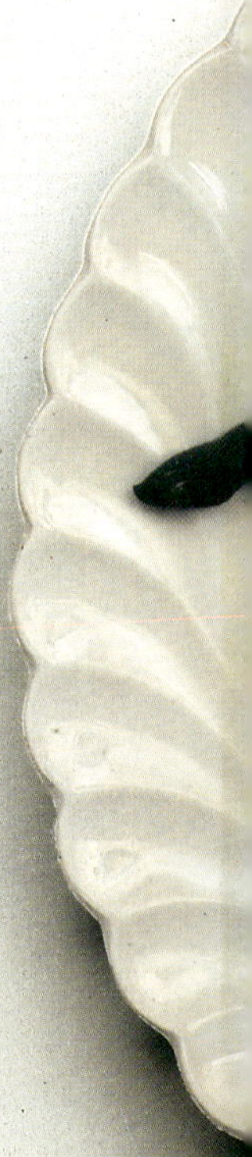

Mousse d'asperges sur coulis d'écrevisses froid

Salade de feuilles de cresson aux grenouilles et morilles

Brunnenkressesalat mit Froschschenkeln und Morcheln in Senfsauce

Rezeptur für 4 Personen

Für die Froschschenkel:

16 frische Froschschenkel (ca. 500 g), 10 g Butter, 2 Schalotten, 1 Messerspitze Knoblauch, 8 cl Weißwein, 4 cl Noilly Prat, 2 dl Geflügel- oder Fischsud

Für die Morcheln:

150 g frische Morcheln (oder 50 g getrocknete), 1 EL Olivenöl, Salz, weißer Pfeffer aus der Mühle, einige Tropfen Zitronensaft

Für den Brunnenkressesalat:

1 Bund Brunnenkresse, 2 junge Karotten, Salz, weißer Pfeffer aus der Mühle, 2 cl Olivenöl, einige Tropfen Zitronensaft

Für die Senfsauce:

3 cl Crème fraîche, 1 EL Zitronensaft, Froschschenkelsud, 1 EL Dijoner Senf (oder einen anderen kräftigen Senf), Salz, weißer Pfeffer aus der Mühle, 1 gehackte Schalotte, 1 Bund Schnittlauch

Vorbereiten

Froschschenkel: Schalotten hacken und zusammen mit Knoblauch in 10 g Butter ohne Farbe anschwitzen. Mit Weißwein, Noilly Prat und Geflügel- oder Fischsud auffüllen und aufkochen lassen. Die Froschschenkel hineingeben und in ca. 5 Minuten auf kleiner Flamme garziehen lassen.
Anschließend die Froschschenkel aus der Flüssigkeit nehmen,

abkühlen lassen und entbeinen. Den Froschschenkelsud einkochen und für die Senfsauce beiseite stellen.
Morcheln: Die Morcheln werden gesäubert und mehrmals rasch durchgewaschen. Danach gut abtropfen lassen. (Sollten getrocknete Morcheln verwendet werden: Die Stengel entfernen und die Morcheln in viel kaltem Wasser eine Stunde lang einweichen. Danach in reichlich Salzwasser aufkochen. Anschließend mit einer Kelle herausnehmen, damit der Sand am Boden bleibt, kurz kalt abspülen, ausdrücken und dann wie frische Morcheln weiterbehandeln.)
Das Olivenöl stark erhitzen, die Morcheln darin anrösten, mit Salz und Pfeffer bestreuen und mit einigen Tropfen Zitronensaft beträufeln. Danach abkühlen lassen.
Brunnenkressesalat: Die Brunnenkresse putzen, waschen und trockenschleudeen. Karotten schaben, waschen und mit einer Reibe nicht zu fein raspeln. Anschließend kurz und knackig kochen oder roh lassen.
Senfsauce: Sämtliche Zutaten zu einer pikanten Sauce verrühren. Schnittlauch waschen und sehr fein hacken.

Zubereiten

Morcheln und Froschschenkel unter die Senfsauce mengen und 20 Minuten darin ziehen lassen.
Brunnenkressesalat: Brunnenkresse und die geraspelten Karotten mit Olivenöl, Zitronensaft, Salz und Pfeffer anmachen.

Anrichten

Der Brunnenkressesalat wird auf einer kalten Platte angerichtet. In die Mitte gibt man die Froschschenkel und Morcheln in Senfsauce und bestreut das Ganze mit den Schnittlauchröllchen. (Foto 290)

Witzigmann rät

Man kann die Senfsauce auch mit Mayonnaise, flüssiger Sahne und dem Froschschenkelsud zubereiten.

Nid de laitue à l'oeuf poché et saumon mariné à l'aneth

Kopfsalatherzen mit mildem Räucherlachs, pochierten Eiern und Dillsauce

Rezeptur für 4 Personen

2 Kopfsalate, Essigwasser, 4 Eier, Zitronensaft, feines Salatöl, Salz, weißer Pfeffer aus der Mühle, 8 Scheiben milder Räucherlachs, 1 Bund aromatischer Dill

Für die Dillsauce:

1 dl Crème fraîche oder selbst angesetzte saure Sahne, 4 cl Sahne, Saft einer halben Zitrone, Cayennepfeffer, Worcestersauce, Salz, weißer Pfeffer aus der Mühle, 1 kleiner Bund gezupfter Dill

Vorbereiten

Den Kopfsalat putzen und in einzelne Blätter zerlegen. Rasch in kaltem Wasser waschen und trockenschleudern. Die Salatherzen beiseite legen.
Leichtes Essigwasser zum Kochen bringen, die kalten Eier nach und nach hineinschlagen und ca. 4 Minuten ziehen lassen. Anschließend vorsichtig mit dem Schöpflöffel herausnehmen und in Eiswasser abkühlen lassen. Danach das Eiweiß mit der Schere glattschneiden.
Dillsauce: Sämtliche Zutaten zu einer leicht dickflüssigen Sahnesauce verrühren.

Anrichten

Die gelben Salatherzen vierteilen, mit Zitronensaft, Öl und Salz leicht anmachen und auf 4 Tellern verteilen. Darauf werden die Räucherlachsscheiben gelegt. In die Mitte setzt man die pochierten Eier, nappiert mit der Dillsauce und garniert mit einigen schönen Dillzweigen. (Foto Seite 16)

Witzigmann rät

Wenn es wie im »Tantris« schmecken soll, sollten Sie auf schwedische Art selbst gebeizten Lachs verwenden, den Sie kurz anräuchern lassen.

Salade de choux rouge et suprêmes de cailles

Warme Entenstopfleberscheiben und Wachtelbrüste auf Rotkohlsalat

Rezeptur für 4 Personen

180 g Rotkohl, Salz, 1/2 EL Xérès-Essig, 2 EL feines Salatöl, 2 EL Zitronensaft, 1 EL Preiselbeeren, weißer Pfeffer aus der Mühle, 30 g geräucherter Schweinebauch, 80 g Muskattrauben, 8 frische Walnüsse, 2 fette Wachteln, 4 Scheiben frische Entenstopfleber à 40 g

Vorbereiten

Die Rotkohlblätter in hauchdünne Streifen schneiden und in leichtem Salzwasser, dem etwas Essig zugesetzt wurde, einmal aufkochen. Abschütten. Mit Öl, Zitronensaft und Preiselbeeren anmachen, gut pfeffern und salzen.
Die bratfertigen Wachteln im vorgeheizten Backofen bei 250° in ca. 10 Minuten rosa braten. Salzen und pfeffern. Brust und Keulen auslösen.
Den Schweinebauch von Schwarte und Knorpeln befreien und in kleine Würfel schneiden. Knusprig braten, mit Xérès-Essig ablöschen und zum Rotkohl geben. Eine Stunde marinieren.
Muskattrauben schälen und wenn nötig entkernen.
Die frischen Nüsse aufschlagen und schälen.
Die Entenstopfleberscheiben mit Salz und Pfeffer bestreuen und auf beiden Seiten rosa braten.

Anrichten

Der Rotkohlsalat wird auf vier kalten Tellern verteilt und mit den Trauben und Nüssen umlegt. Dann werden die lauwarmen Wachtelbrüste und -keulen sowie die ebenfalls lauwarmen Entenstopfleberscheiben dekorativ daraufgesetzt. (Foto Seite 16)

Salade d'escargots Maître Henry

Schneckensalat mit gerösteten Steinpilzen

Rezeptur für 4 Personen

Für den Schneckensalat:

32–36 Schnecken (petits gris), 1 dl trockener Weißwein, 1 Thymianzweig, 1 Basilikumzweig, 1 Lorbeerblatt, 2 cl Marc de Bourgogne, 8 Scheiben franz. Weißbrot, 4 cl Olivenöl, 6 Knoblauchzehen, 200 g feine grüne Bohnen, 150 g kleine feste Steinpilze, Salz, weißer Pfeffer aus der Mühle, 4 EL Schnittlauch in 2 cm lange Stücke geschnitten

Für die Sauce Vinaigrette:

5 EL Olivenöl, 1 EL Zitronensaft, 1 EL Estragon-Essig, 1 TL Senf mit grünem Pfeffer, 2 EL eingekochter Schneckensud, Salz, Pfeffer aus der Mühle

Vorbereiten

Schnecken aus der Dose werden mit Weißwein und den Aromaten zum Aufkochen gebracht. Nach 10 Minuten den Schneckensud abgießen und bis zur Hälfte einkochen lassen. Marc de Bourgogne sowie die gekochten Schnecken dazugeben. Die Schnecken ca. 6 Stunden marinieren.

Zubereitung

Das Weißbrot, ca. 1/2 cm dick geschnitten, mit ganz wenig Olivenöl beträufeln und im Backofen knusprig rösten. Noch warm mit Knoblauch einreiben. Die geputzten feinen Bohnen werden in kochendem Salzwasser gegart, so daß sie noch knakkig sind, mit Eiswasser abgekühlt und dann abgeschüttet. Die Steinpilze gründlich reinigen (wenn möglich nicht waschen) und in 1/2 cm dicke Scheiben schneiden. In einer Sauteuse Olivenöl erhitzen, die ungeschälten, angestochenen Knoblauchzehen sowie die Steinpilzscheiben beifügen. Beides hellbraun braten. Die Knoblauchzehen entfernen und die Steinpilze auf ein Sieb zum Abtropfen geben. Mit Salz und Pfeffer bestreuen.
Sauce Vinaigrette: In der Zwischenzeit aus den angegebenen Zutaten, einschließlich Schneckensud, die Sauce Vinaigrette zubereiten.

Anrichten

Die grünen Bohnen auf vier Teller geben und mit wenig Sauce Vinaigrette begießen. Darauf die Steinpilze verteilen und in die Mitte die Schnecken setzen. Alles mit Sauce Vinaigrette beträufeln und mit Pfeffer und Schnittlauch bestreuen. Das inzwischen im Backofen knusprig geröstete Knoblauchweißbrot dazu reichen. (Foto Seite 296)

Witzigmann rät,

diesen köstlichen Salat gelegentlich einmal mit frischen Schnekken zu versuchen.

Salade de langouste et tomates aux christe-marine

Salat von lauwarmen Langustenscheiben mit Tomaten und Meeresalgen

Rezeptur für 2–4 Personen

Zutaten:

1 lebend-frische Languste oder Hummer (ca. 600 g), Salz,
2 kleine rote Zwiebeln, 1–2 Knoblauchzehen,
3 mittlere vollreife Tomaten, 6 Basilikumblätter,
12 Estragonblätter, Pfeffer aus der Mühle, 1 Zitrone,
4 cl Olivenöl, 2 EL Xérès-Essig, Anis, 20 Meeresalgen

Vorbereiten

Die Languste wird in kochendem Salzwasser ca. 8 Minuten gekocht. Man läßt sie im Topf abkühlen.
Zwiebeln und Knoblauch werden geschält und fein geschnitten. Von den Tomaten den Stengelansatz entfernen, die Kerne herausdrücken und die Tomaten dann in ca. 1 cm große Stücke schneiden. Die Kräuter waschen und von den Stengeln zupfen. Der Schwanz und die Beine der Languste werden aufgebrochen und das herausgelöste Langustenfleisch in Scheiben oder Würfel geschnitten. Sollte die Languste das Rückenmark (corail) noch haben, so passieren Sie es durch ein Haarsieb und geben Sie es nachher ebenfalls zum Salat.

Zubereiten

In eine große Schüssel legt man die Tomatenstücke, bestreut sie mit Salz und Pfeffer aus der Mühle, gibt die Zwiebeln und den Knoblauch bei und legt darauf die Langustenstücke, die nun mit dem Saft einer Zitrone beträufelt werden. Dann gießt man das Olivenöl und den Xérès-Essig darüber, bestreut nochmals mit Pfeffer und Salz sowie dem Anis und vermengt das Ganze vorsichtig. Zuletzt Basilikum und Estragon beigeben.

Die Meeresalgen in kochendem Salzwasser einmal aufkochen, sofort in Eiswasser abkühlen und abschütten. Danach ebenfalls über die Langusten streuen und mit getoastetem Weißbrot servieren.

Mousse de canard

Entenmus

Rezeptur für 10 Personen

1 Ente, ca. 1,5 kg

Für die Mousse:

200 g Geflügelleber, 30 g gehackte Trüffeln, 200 g Parfait de foie gras (siehe Grundrezept S. 286), je 2 cl Cognac, Madeira, Portwein, 3 g gemahlene Wacholderbeeren, Salz, Pfeffer aus der Mühle, 1/4 l Glace de canard (siehe unten), 1/4 l Aspik, 100 g geklärte Butter, 1/2 l geschlagene Sahne

Für die Glace de canard:

350 g Entenknochen, 30 g Zwiebeln, 15 g Karotten, 15 g Sellerie, 90 g Champignonabfälle, 5 g Knoblauch, 3 g Wacholderbeeren, 1 Lorbeerblatt, etwas Thymian, 1 Nelke, 4 cl Weißwein, 1 l Wasser

Vorbereiten

Die Ente wird nach dem Putzen und Ausnehmen wie üblich gebraten, dann enthäutet und das Fleisch von den Knochen gelöst.
Die Geflügelleber und die gehackten Trüffeln werden gesondert angeschmort.
Glace de Canard: Die Entenknochen zusammen mit dem kleingeschnittenen Gemüse im Ofen anrösten, dann die Gewürze dazugeben, mit dem Weißwein ablöschen und mit einem Liter Wasser auffüllen. Das Ganze läßt man ca. 2 Stunden kochen, passiert es anschließend durch ein Sieb und kocht die aufgefan-

gene Brühe so lange ein, bis sie von dickflüssiger Konsistenz ist. Inzwischen dreht man das Entenfleisch zusammen mit der angeschmorten Geflügelleber durch die feinste Scheibe des Fleischwolfs. Diese Masse sowie das Parfait de foie gras streicht man durch ein Haarsieb.

Zubereiten

Die vorbereitete Masse nun in einen Topf geben und mit Cognac, Madeira und Portwein etwas einkochen lassen. Die angeschmorten Trüffeln und die Gewürze beifügen und anschließend die Glace de canard, das Aspik und die lauwarme geklärte Butter unterrühren. Das Ganze wird dann in einer Schüssel auf Eis gestellt. Nun rührt man so lange, bis die Mousse kalt ist. Zum Schluß wird die geschlagene Sahne untergezogen und die Mousse bis zum Servieren ca. 1 1/2 Stunden kalt gestellt. (Foto Seite 292)

Salade de poireaux et truffes noires

Lauchsalat mit schwarzen Trüffeln

Rezeptur für 4 Personen

4 Lauchstangen, Salz, 60 g frische schwarze Trüffeln, weißer Pfeffer aus der Mühle, 1 EL Kerbel

Für die Salatsauce:

1/2 EL Zitronensaft, 1/2 EL milder Essig, 5 cl Olivenöl, Salz, weißer Pfeffer aus der Mühle

Vorbereiten

Lauch: Den Lauch putzen, die Enden abschneiden. Etwa ein Drittel des oberen Teils der Länge nach einschneiden (nicht halbieren) und unter fließendem Wasser reinigen. Den Lauch dämpfen oder in starkem Salzwasser nicht zu weich kochen. Trüffeln bürsten, waschen und in dünne Scheiben schneiden. Kerbel waschen und zupfen.
Salatsauce: Sämtliche Zutaten zu einer Sauce verrühren. Lauch auf ein Gitter oder Tuch zum Abtrocknen legen, danach in 5 cm lange Stücke schneiden und zusammen mit den Trüffelscheiben noch lauwarm mit der Salatsauce übergießen. Vor dem Servieren mindestens 20 Minuten ziehen lassen.

Anrichten

Der köstliche Salat wird auf tiefen Tellern angerichtet, leicht mit Pfeffer aus der Mühle bestreut und mit Kerbel garniert. (Foto Seite 16)

Gâteau de crabe au beurre de cerfeuil

Krabbenmus mit Kerbelbutter serviert

Rezeptur für 4–6 Personen

1 lebendfrische Krabbe à 700 g, (150 g Krabbenfleisch und 130 g Corail und Innereien), Salz, Cayennepfeffer, 1 EL Estragon oder Basilikum

Für das Krabbenmus:

100 g Rascasse (Drachenkopf), 50 g Jakobsmuscheln netto, 50 g Langustinenschwänze netto, 2 Seeigelzungen ohne Flüssigkeit, oder 200 g Hechtfleisch, Salz, weißer Pfeffer aus der Mühle, 4 dl dickflüssige Sahne

Für die Kerbelbutter:

1 EL Wasser, 2 EL Sahne, 100 g gesalzene Butter, weißer Pfeffer aus der Mühle, 3 EL frischer Kerbel

Vorbereiten

Die lebende Krabbe sauber bürsten, anschließend 10 Minuten in mit Salz und Cayennepfeffer versetztem Wasser kochen. Abkühlen lassen.
Danach den Panzer aufschlagen, den Corail beiseite legen. Das Beinfleisch ausbrechen.
Krabbenmus: Die angegebenen Zutaten im Mixer pürieren. Vier feuerfeste Förmchen mit Butter ausstreichen.

Zubereiten

Den Corail durch ein feines Sieb streichen und zusammen mit dem Krabbenfleisch und dem gezupften Estragon unter das Mus mischen. (Einige Fleischstücke für die Sauce aufheben.)
Das Mus in die ausgebutterten Förmchen füllen und im Wasserbad bei ca. 220° in 25 Minuten garkochen. Anschließend 5 Minuten ruhen lassen.
Kerbelbutter: Wasser, Sahne und die kleingeschnittene Butter

Les ailerons de canards farcis
dazu:
Crozes Hermitage 1972, Rhône

Têtes de champignons fourrées à la cervelle de veau
dazu:
Sancerre Comte De Lafond 1973, Loire

Gâteau de crabe au beurre de cerfeuil
dazu:
Riesling Réserve Trimbach 1975, Elsaß

zum Aufkochen bringen. Zuletzt Pfeffer, Kerbel und die beiseite gelegten Krabbenstücke dazugeben.

Anrichten

Das Mus auf tiefe, heiße Teller stürzen und mit der Buttersauce übergießen. Sofort servieren. (Foto Seite 29)

Witzigmann rät

Aus den Krabbenkarkassen läßt sich sehr gut eine Bisque (Krabbenrahmsuppe) oder eine Sauce zubereiten.

Têtes de champignons fourrées à la cervelle de veau

Champignonköpfe mit Kalbshirn gefüllt

Rezeptur für 4 Personen

12 mittelgroße, frische Champignons, 4 EL Olivenöl, 2 Schalotten, 2 EL Petersilie, 2 Toastbrotscheiben ohne Rinde, 2 ganze Kalbshirne, Salz, 1 Zitrone, 60 g Butter, Salz, weißer Pfeffer aus der Mühle, Muskat, 1 Ei, 1 Eigelb

Gerät:

1 feuerfeste Form

Vorbereiten

Champignons: Champignons sauber putzen, vorsichtig die Stiele abbrechen und diese nicht zu fein hacken.
Das Olivenöl erhitzen und die Pilzköpfe darin auf beiden Seiten ca. drei Minuten anbraten. Anschließend zum Abtropfen auf ein Sieb schütten.
Schalotten fein hacken. Petersilie waschen und grob hacken. Die Toastbrotscheiben durch ein Haarsieb drücken.
Kalbshirn: Das Kalbshirn muß mehrere Stunden in kaltes Wasser gelegt werden. Anschließend unter lauwarmem Wasser vorsichtig die Hirnhaut abziehen.

Das Kalbshirn in gesalzenem Zitronenwasser langsam zum Kochen bringen. Dann 5 Minuten (ohne zu kochen) ziehen lassen. Nach dem Abkühlen auf ein Tuch zum Abtropfen legen und anschließend das Hirn in größere Stücke schneiden.

Zubereiten

Eine feuerfeste Form mit Butter ausstreichen. Die Pilzköpfe hineinsetzen und mit Salz und Pfeffer bestreuen.
Die restliche Butter in einer Kasserolle hellbraun aufschäumen lassen, die Hirnstücke und die gehackten Champignonstiele hineingeben und einige Minuten anrösten. Schalottenwürfel und Petersilie hinzufügen und mit Salz, Pfeffer und Muskat würzen. Zuletzt das Ei und das Eigelb beigeben und sämig rühren. Diese Masse kugelförmig in die Pilzköpfe füllen, mit Toastbrot bestreuen und mit Olivenöl beträufeln. In den auf 220° vorgeheizten Backofen schieben und ca. 5 Minuten bakken. Heiß servieren. (Foto Seite 29)

Fonds d'artichauts fourrés garni aux coeurs de canards

Artischockenböden mit Zuckererbsenpüree und Entenherzen gefüllt

Rezeptur für 4 Personen

Für die Artischockenböden:

4 Artischocken, 1/2 Zitrone, 1 EL Olivenöl, 60 g Schinkenspeck, 50 g Zwiebeln, 50 g Karotten, 1 Knoblauchzehe, 1 kleiner Zweig Thymian, 1 kleines Lorbeerblatt, 2 EL Madeira, 1 dl Kalbsbrühe (siehe Grundrezept S. 277)

Für das Zuckererbsenpüree:

50 g junge Zwiebeln, (oder das Weiße vom Lauch), 25 g Butter, 200 g Zuckererbsen (ausgelöst), 2 dl Wasser, Salz, Pfeffer aus der Mühle, 4 cl Sahne

Für die Entenherzen:

24 Entenherzen (auch Perlhuhnherzen möglich) von jungen Tieren, etwas Entenhaut, 1 EL Butter, 2 EL Olivenöl

Für die Sauce:

30 g Butter, 50 g Trüffeln, 4 cl Trüffeljus

Gerät:

1 Cromargan-Sauteuse, 1 Pfanne mit dickem Boden

Vorbereiten

Artischockenböden: Die Stiele der Artischocken werden abgebrochen, sämtliche Blätter der Reihe nach entfernt und der obere Teil (etwa 3/4 des Ganzen) mit einem Sägemesser waagerecht abgeschnitten. Mit einem kleinen rostfreien Messer wird das Grüne vom Boden vorsichtig gelöst. Die Artischockenböden sollen eine glatte halbrunde Form erhalten, ohne daß

allzuviel weggeschnitten wird. Sie werden sofort mit Zitrone eingerieben und bis zur Weiterverarbeitung in kaltes Zitronenwasser gelegt.
Zuckererbsenpüree: Zuckererbsen auslösen.
Entenherzen: Die gründlich gereinigten und gewässerten Entenherzen müssen mit einem Tuch trockengerieben werden. Die Entenhaut in ca. 1 cm große Stücke schneiden.

Zubereiten

Artischockenböden: Jetzt werden die Artischockenböden in Zitronen-Salz-Wasser, dem etwas Olivenöl zugesetzt ist, knakkig gekocht, sodann herausgehoben und abgekühlt.
Den kleingewürfelten Schinkenspeck langsam in der Sauteuse anbraten, die in Scheiben geschnittenen Zwiebeln und Karotten, Knoblauch, Thymian und Lorbeerblatt hinzufügen und alles zusammen einige Minuten lang anschwitzen. Mit Madeira und dem braunen Kalbsjus aufgießen. Schließlich die vorbereiteten Artischockenböden hineingeben und das Ganze zugedeckt im Ofen langsam gardünsten (ca. 20 Minuten).
Zuckererbsenpüree: Die feingeschnittene Zwiebel wird in der Butter glasig gedünstet, bevor die ausgelösten Zuckererbsen hinzugefügt werden. Mit dem Wasser auffüllen, wenig salzen und pfeffern. In stark sprudelndem Wasser werden die Erbsen weich gekocht, sodann im Mixer püriert und mit der Sahne heiß gerührt.
Entenherzen: In der Pfanne mit dickem Boden werden Butter und Olivenöl erhitzt, um die Entenherzen ca. 8 Minuten darin zu schwenken. Anschließend läßt man sie einige Minuten ruhen; sie sollen noch eine leicht rosa Farbe aufweisen. Die in Stücke geschnittene Entenhaut wird im Backofen ohne Fett knusprig gebraten.
Sauce: 10 g Butter aufschäumen lassen und die gehackten Trüffeln hineingeben, die entfettete Sauce der Artischockenböden zugießen und die restliche Butter einschlagen. Schließlich den Trüffeljus zusetzen, und nun die Sauce nicht mehr kochen lassen.

Anrichten

In die heißen Artischockenböden wird das Erbsenpüree, untermengt mit den knusprigen Entenhaut-Würfeln, gefüllt. Darauf die zartrosa Entenherzen setzen und die Artischockenböden mit der Sauce umgießen.

Les ailerons de canards farcis Ménagère

Gefüllte Entenflügel mit kleinen Zwiebeln und Karotten

Rezeptur für 4 Personen

24 Entenflügel, 1 kleiner Apfel, 1 Schalotte, 2 cl Weißwein, 10 g Weißbrotkrumen, 3 EL Milch, 50 g Schweinefleisch, 50 g Schinkenspeck, 50 g Masthuhn- oder Kalbsbrust, 50 g Geflügelleber, Salz, weißer Pfeffer aus der Mühle, Cognac, Madeira, 2 EL Trüffelsaft, 4 junge Karotten, 12 Frühlingszwiebeln, 80 g durchwachsener Räucherspeck, 20 g Butter

1 Schweinenetz

Gerät:

1 feuerfeste Form, 1 Spritzsack

Vorbereiten

Die Entenflügel sauber abflämmen, die Stoppeln mit einer Pinzette herausziehen. Beide Enden mit einer Geflügelschere abschneiden und mit Hilfe eines kleinen spitzen Messers die Knöchelchen auslösen und herausschieben. Den geschälten und entkernten Apfel in Spalten schneiden. Schalotte hacken. Anschließend zusammen mit den Apfelspalten in Weißwein dämpfen.

Die Weißbrotkrumen mit lauwarmer Milch anfeuchten.
Schweinefleisch von Sehnen und Nerven befreien und zusammen mit dem Schinkenspeck, der Masthuhnbrust, der Geflügelleber, Äpfeln und Weißbrotkrumen durch die feine Scheibe des Fleischwolfs drehen oder hacken. Mit Salz und Pfeffer würzen und unter Beigabe von einigen Spritzern Cognac und Madeira sowie Trüffelsaft (wenn vorhanden) zu einer geschmeidigen Masse verarbeiten.
Mit Hilfe eines Spritzsacks mit feiner Tülle werden die Entenflügel mit dieser Masse vollgespritzt und einzeln in das Schweinenetz gewickelt.
Karotten schälen und in 3 cm lange Stücke schneiden. Anschließend vierteln und olivenförmig abrunden.
Die Frühlingszwiebeln putzen, das Grüne abschneiden.
Den Räucherspeck in 3 cm lange und 1 cm dicke Streifen schneiden, in Wasser kurz aufkochen und abschütten.

Zubereiten

In einer feuerfesten Form werden die Räucherspeckstreifen knusprig angebraten. Anschließend herausgenommen und beiseite gelegt. Im verbliebenen Bratfett brät man die Zwiebeln leicht hellbraun und legt sie zu den Speckstreifen. Bratfett wegschütten.
Nun ein nußgroßes Stück Butter in der Form erhitzen, die Entenflügel beigeben und langsam auf beiden Seiten hellbraun braten. Karotten und Zwiebeln hinzufügen, mit einigen Löffeln Wasser (wenn nötig mehrmals) ablöschen und zugedeckt langsam in ca. 40 Minuten weichdünsten. Die Entenflügel mit Gemüse und Speckstreifen anrichten und mit der Bratensauce begießen. (Foto Seite 29)

Le foie d'oie frais aux reinettes – façon Haeberlin

Gänseleberscheiben auf Reinetten

Rezeptur für 6 Personen

6 Reinetten-Äpfel, 80 g Butter, 4 cl Riesling,
600 g frische Gänseleber, Salz, Pfeffer, etwas Mehl,
50 g frische Trüffeln, 4 cl alter Porto, 1 dl kräftige Geflügelsauce

Vorbereiten

Die Äpfel werden geschält und in messerrückendicke Scheiben geschnitten. Dann brät man sie in 30 g Butter kurz an, gießt den Riesling dazu und läßt sie ca. 5 Minuten kräftig kochen.
Die Gänseleber in 6 gleichmäßige Scheiben schneiden, auf beiden Seiten mit Salz und Pfeffer bestreuen und in wenig Mehl wenden.

Zubereiten

Ein nußgroßes Stück Butter erhitzen und aufschäumen lassen; dann die Gänseleberscheiben einlegen. Sie werden auf jeder Seite ca. 2 Minuten bei starker Hitze gebraten.
Von den Trüffeln werden 6 schöne Scheiben geschnitten, die zum Garnieren aufbewahrt werden. Die restlichen Trüffelstücke hackt man in kleine Würfel. In einer Sauteuse läßt man sodann 20 g Butter zerlaufen, gibt die Trüffelwürfel dazu und erhitzt sie; dann gießt man den Porto an, läßt ihn einkochen, füllt mit der Geflügelsauce auf und kocht die Sauce so lange, bis sie sämig ist. Mit Salz und Pfeffer abschmecken. Gänseleber auf die Äpfel legen, mit der Sauce begießen und mit Trüffelscheiben garnieren.

Cailles farcies des gourmets

Wachteln mit frischer Gänseleber und Trüffeln gefüllt

Rezeptur für 4 Personen

4 Wachteln (ausgenommen), 160 g rohe Gänseleber, 40 g Trüffeln (4 ganze Trüffeln je 10 g)

Für die Gänseleber-Marinade:

1 EL Madeira, 1 EL Cognac, 1 EL Porto, 3 g Gewürzsalz

Gerät:

Alufolie

Vorbereiten

Die Haut der ausgenommenen Wachteln wird am Rücken entlang nach beiden Seiten behutsam gelöst, so daß das Fleisch an der Haut verbleibt und das Gerippe mitsamt den Schenkel- und Flügelknochen freigelegt wird.
Die rohe Gänseleber muß mit großer Sorgfalt behandelt werden; man macht an der Innenseite, am dickeren Ende beginnend, einen etwa 1 cm tiefen Einschnitt und drückt dabei die Leber etwas nach unten, wodurch der Nerv und die Blutgerinnsel freigelegt werden. Danach faßt man den Nervenstrang und zieht ihn heraus. Die so vorbereitete Gänseleber wird 12 Stunden in den angegebenen Zutaten mariniert.

Zubereiten

Die Wachteln werden mit der marinierten Gänseleber und den Trüffeln gefüllt, wieder in ihre ursprüngliche Form gebracht, in Alufolie eingeschlagen und bei 80° im Wasserbad 20 Minuten pochiert.

Anrichten

Die gefüllten Wachteln werden in der Mitte durchgeschnitten und auf einer Platte, eventuell mit Geleewürfeln umlegt, serviert. (Foto Seite 294)

Mosaïque de légumes au foie gras truffée

Mosaik von Gemüsen, frischer Gänseleber und Trüffeln

Rezeptur für 12 Personen

400 g Gänseleber, Salz, weißer Pfeffer aus der Mühle, Muskat, 2 EL Cognac, 2 EL Madeira, 2 EL Porto, 100 g Kalbfleisch, 1/4 l Crème double

Für das Gemüse:

300 g Karotten, 2 mittlere Sellerieknollen, 1 Zitrone, 200 g Prinzeßbohnen, 5–6 Artischockenböden, 1 EL Mehl, Salz, Pfeffer, 2 EL Olivenöl, 200 g schwarze Trüffeln, 2 cl Madeira, 150 g frischer ungesalzener Speck

Gerät:

1 Terrinenform, 24 cm lang, 8 cm hoch

Vorbereiten

Die rohe Gänseleber wird abgezogen und entnervt, in ca. 2 cm dicke Scheiben (Medaillons) geschnitten und mit wenig Salz, Pfeffer und Muskat bestreut. Cognac, Madeira und Porto werden darübergeträufelt und das Ganze einen Tag mariniert.
Die beim Schneiden der Medaillons abfallenden Teile werden genauso behandelt.
Gemüse: Die gewaschenen, geschälten Karotten und Sellerieknollen, letztere mit Zitrone eingerieben, werden im Dampftopf gedünstet.
Die gezupften Bohnen in Salzwasser knackig kochen, in Eiswasser sofort abkühlen und abschütten.
Die Artischockenböden (ohne das Grüne) in einem Sud, bestehend aus Wasser, einem Eßlöffel Mehl, Salz, Pfeffer, Zitronensaft und Olivenöl, so lange kochen, daß sie noch Biß haben. Nach dem Erkalten Heu entfernen.
Die gebürsteten, gut gewaschenen Trüffeln kommen in einen Topf, werden zur Hälfte mit Madeira bedeckt, gesalzen, gepfeffert und dann langsam gar gekocht (ca. 20 Minuten).

Zubereiten

Kalbfleisch-Sahne-Farce: Das sehnenfreie Kalbfleisch durch die feine Scheibe des Fleischwolfs drehen, leicht mit Salz, Muskat und Pfeffer aus der Mühle würzen und im Mixer mit der Sahne zu einem Mus pürieren. Die Kalbfleisch-Sahne-Farce ebenso wie die marinierten Gänseleberabschnitte durch ein Haarsieb streichen und beides vorsichtig zusammenrühren.

Aufbau der Terrine: Trüffeln, Karotten, Sellerie und Artischokkenböden in 1 1/2 cm dicke Stücke schneiden. Die Terrinenform hauchdünn mit dem frischen Speck auslegen, Boden und Seitenwände der Terrinenform dünn mit der Farce ausstreichen. Zunächst die Bohnen hineinlegen, mit etwas Farce bestreichen, dann Karotten, Sellerie, Gänseleber, Trüffeln und Artischocken mit einer dünnen Farceschicht dazwischen). Die Speckstreifen werden über der letzten Schicht zusammengeklappt und dann der Deckel auf die Terrine gesetzt. Im Wasserbad bei ca. 130° eine Stunde ziehen lassen.

Terrine de turbot aux fines herbes Aurore

Steinbutt-Terrine mit Kräutern und Tomatenmus

Rezeptur für ca. 12 Personen

700 g Steinbuttfilet, 2 cl Olivenöl, 4 cl Weißwein, 1 EL Zitronensaft, 40 g Butter, Salz, weißer Pfeffer aus der Mühle, 30 g Karotten, 100 g Champignons

Für das Hecht-Kräuter-Mus:

40 g Sauerampfer, 40 g Spinat, 40 g Kresse, 20 g Kerbel, 350 g Seehecht oder Weißfisch, Salz, weißer Pfeffer aus der Mühle, Muskat, 80 g geriebenes Weiß- oder Toastbrot, 4 cl Milch, 80 g Butter, 1 Eigelb

Für die Sardellenbutter:

4 Sardellenfilets, 60 g Butter, Saft einer halben Zitrone, weißer Pfeffer aus der Mühle

Für das Tomatenmus:

500 g frische vollreife Tomaten, 1 EL Olivenöl, 1 Schalotte, 1 kleine Knoblauchzehe, 1 Thymianzweig, Salz, weißer Pfeffer aus der Mühle, 1 Prise Zucker, 3–4 Blatt Gelatine, 2 dl Sahne, Paprikapulver

Speckscheiben zum Auslegen

Gerät:

1 Terrinenform 24 cm lang, 8 cm hoch

Vorbereiten

Steinbutt: Die Steinbuttfilets werden für 12 Stunden in eine Marinade aus Olivenöl, Weißwein und Zitronensaft gelegt. Danach auf einem Tuch abtrocknen und in 20 g zerlassener, nicht brauner Butter auf jeder Seite in 30 Sekunden steifziehen lassen. Anschließend auf ein Gitter heben, abtropfen lassen, leicht mit Salz und Pfeffer bestreuen und kalt stellen.
Karotten und Champignons putzen und in Streifen schneiden. In 20 g Butter knackig dünsten und ebenfalls kalt stellen.
Hecht-Kräuter-Mus: Sauerampfer, Spinat, Kresse und Kerbel waschen, in starkem Salzwasser einmal aufkochen und sofort herausheben. In Eiswasser abschrecken, auf ein Sieb schütten und gut abtropfen lassen. Anschließend die Flüssigkeit herauspressen.
Das Hechtfleisch mit Salz, Pfeffer und Muskat würzen und durch die feine Scheibe des Fleischwolfs drehen. Auch die vorbereiteten Kräuter durch den Fleischwolf drehen, jedoch in eine andere Schüssel.
Das geriebene Weißbrot mit lauwarmer Milch anfeuchten und danach auspressen.
Die Butter zerlaufen lassen und handwarm halten.
Nun wird das Fischfleisch zusammen mit dem Eigelb, der Butter und dem eingeweichten Weißbrot in einen Mixer gege-

ben und zu einer homogenen Masse gemixt. Zuletzt die Kräuter hineingeben. Anschließend wird die Masse durch ein feines Haarsieb gestrichen und in einer Schüssel auf Eis kalt gestellt.
Sardellenbutter: Die Sardellenfilets für 30 Minuten in kaltes Wasser legen; anschließend durch ein Haarsieb streichen.
Die Butter schaumig rühren, das Sardellenmus einmengen und mit Zitronensaft und Pfeffer aus der Mühle abschmecken. Mit dieser Butter werden die Steinbuttfilets bestrichen.

Zubereiten

Steinbutt-Terrine: Die Terrinenform mit 2 mm dicken ungesalzenen Speckscheiben auslegen und etwa 1 cm dick mit dem Fisch-Kräuter-Mus ausstreichen. Nun wird die Terrine abwechselnd mit Steinbuttfilet, Gemüsestreifen und Fisch-Kräuter-Mus gefüllt. Den Abschluß bildet eine Schicht Fisch-Kräuter-Mus, über die dann die Speckscheiben geklappt werden. Den Terrinendeckel aufsetzen und im Wasserbad im auf 100° vorgeheizten Backofen garziehen lassen (1 1/4 Stunden).
Danach die Terrine noch im Wasserbad auskühlen lassen und leicht pressen. Anschließend soll sie 12 Stunden lang im Kühlschrank ruhen.
Tomatenmus: Die Tomaten für 3 Sekunden in kochendes Wasser tauchen, in Eiswasser abschrecken, die Haut abziehen und in vier Teile schneiden.
Das Olivenöl erhitzen und darin die gehackte Schalotte und die fein zerriebene Knoblauchzehe anschwitzen, ohne daß sie Farbe annehmen. Tomaten, Thymian, Salz, Pfeffer und Zucker hinzufügen und einkochen lassen, bis alle Flüssigkeit verdunstet ist. Anschließend durch ein Haarsieb streichen und die eingeweichten Gelatineblätter beigeben. Abkühlen lassen, die geschlagene Sahne unterziehen und mit einer Prise Paprika würzen. Kalt stellen.

Anrichten

Je eine 2 1/2 cm dicke Scheibe der Fischterrine auf einen kalten Teller legen und eventuell mit Fischaspikwürfeln umlegen. Vom Tomatenmus mit einem heißen Löffel eine Nocke abstechen und beilegen. Mit etwas Kerbel bestreut servieren.

Terrine de girolles à la langue de boeuf écarlate

Pfifferling-Terrine mit gepökelter Rinderzunge

Rezeptur für 12 Personen

150 g ungesalzener fetter Speck zum Auslegen der Terrine, 1 kg Pfifferlinge, 70 g geräucherter Speck, 1 Zwiebel oder 3 Schalotten, 3 Knoblauchzehen, Salz, weißer Pfeffer aus der Mühle, Muskat, 1 Prise frischer Majoran

Für die Kalbfleisch-Sahne-Farce:

150 g Kalbfleisch oder Hühnerbrust, Salz, weißer Pfeffer aus der Mühle, 1 Eiweiß, ca. 2 1/2 dl dickflüssige Sahne

Für die Rinderzunge:

1–2 Salbeiblätter, 3 Rosmarinnadeln, 30 g Petersilie, 200 g gepökelte Rinderzunge, Salz

Vorbereiten

Den ungesalzenen fetten Speck in Scheiben schneiden und damit die Terrine auslegen. Anschließend kalt stellen.
Pfifferlinge: Die Pfifferlinge sauber putzen, wenn nötig rasch durchwaschen und in Scheiben schneiden.
Den geräucherten Speck und die Zwiebel in kleine Würfel schneiden. Die Knoblauchzehen mit etwas Salz zerreiben.
Nun die Speckwürfel langsam knusprig braten, Zwiebeln und Knoblauch hinzufügen und kurz anschwitzen. Die Pfifferlinge ebenfalls beigeben und ca. 10 Minuten dünsten. Anschließend aus der Flüssigkeit nehmen und auf ein Blech legen. Den Sud sirupähnlich einkochen, über die Pfifferlinge schütten und kalt stellen.
Kalbfleisch-Sahne-Farce: Das Kalb- oder Geflügelfleisch durch die feine Scheibe des Fleischwolfs drehen, mit Salz und Pfeffer bestreuen und im Mixer zusammen mit dem Eiweiß und der kalten Sahne sehr fein pürieren. Danach kühl stellen.
Rinderzunge: Salbei und Rosmarin mit Wasser anfeuchten und sehr fein hacken. Petersilie grob hacken.

Zubereiten

Rinderzunge: Die Rinderzunge in Salzwasser weichkochen. Anschließend abkühlen lassen, die Haut abziehen und in Würfel schneiden.
Pfifferling-Terrine: Nach dem Erkalten werden die Pfifferlinge unter die Kalbfleisch-Sahne-Farce gemengt und mit Salz, Pfeffer, Muskat und Majoran abgeschmeckt. Dann wird die Farce zusammen mit den Zungenwürfeln samt den gehackten Kräutern in die Terrine gefüllt und die Speckscheiben darüber zusammengeklappt. Den Terrinendeckel aufsetzen und im Wasserbad im vorgeheizten Backofen bei 180° eine Stunde kochen. Terrine möglichst morgens zubereiten und abends servieren.

Parfait de foies de volailles aux sultanines et poivre vert

Parfait von frischer Geflügelleber mit Sultaninen und grünem Pfeffer

Rezeptur für 12 Personen

30 g Sultaninen, 10 g grüne Pfefferkörner, 400 g frische Masthuhnleber, 400 g Butter, 1 Schalotte, 1 Messerspitze zerriebener Knoblauch, 1 cl Weißwein, 1 cl Madeira, 1 cl Porto, 1 cl Cognac, 150 g frischer ungesalzener Speck, Salz, weißer Pfeffer aus der Mühle, Muskat, Gewürzsalz oder Pökelsalz, 1 Prise Majoran, 2 Eier, 1 cl Trüffelsaft, 2 kleine Lorbeerblätter, 2 Thymianzweige

Vorbereiten

Über Nacht die Sultaninen in schwarzem Tee einweichen; Pfefferkörner in Wasser legen.
Die Masthuhnleber durch ein feines Haarsieb streichen.
Die Butter (bis auf 10 g) zerlaufen lassen und abschäumen.
Die Schalotte sehr fein hacken; die Spitze einer Knoblauchzehe mit etwas Salz zerreiben.

Zubereiten

Die gehackte Schalotte in einem nußgroßen Stück Butter ohne Farbe anschwitzen, mit Weißwein ablöschen und gänzlich einkochen lassen.
Madeira, Porto und Cognac zur Hälfte einkochen und flambieren.
Eine Terrinenform mit Speckscheiben auslegen.
Die passierte Geflügelleber in den Mixer geben, mit Salz, Pfeffer, Muskat, Gewürz- oder Pökelsalz, Majoran, Knoblauch und Schalotten würzen und zu Püree mixen. Eier und die lauwarme Butter nach und nach unter ständigem Laufen des Mixers hinzufügen; zuletzt den Trüffelsaft und die eingekochten Spirituosen beigeben und noch einmal abschmecken.
Die Masse in die Terrine füllen und mit den gut abgetropften Sultaninen und den Pfefferkörnern bestreuen. Die Speckseiten darüberklappen und Lorbeerblätter und Thymianzweige darauflegen.
Im Wasserbad bei 80–100° ca. eine Stunde pochieren.

LES POTAGES

Suppen

Suppen mit Jakobsmuscheln, Austern oder Krebsen, aber auch Kartoffelsuppe, Kräutersuppe, Suppen heiß und Suppen eisgekühlt: Witzigmann hat sie alle im Repertoire, und keine steht der anderen an Vollkommenheit des Geschmacks und Fülle des Aromas nach.

Consommé de canard en gelée aux betteraves et caviar

Consommé de canard en gelée aux betteraves et caviar

Kalte Entenkraftbrühe mit Roten Beten und Kaviar

Rezeptur für 4–6 Personen

Für die Kraftbrühe:

1 kg Entenknochen und Entenklein (Magen, Hals), 1/2 Kalbsfuß, 2 l Wasser, Salz, 1 kleine Zwiebel, 2 Nelken, 1 Lorbeerblatt, 1 kleine Karotte, 50 g Lauch, 50 g engl. Sellerie, 1 Thymianzweig, 1 Stück Rote Bete

250 g rohes Geflügelfleisch, 1/2 Zwiebel, 100 g Tomaten, 3 Eiweiß, je 10 g Petersilien- und Estragonstengel, 2 dl Weißwein, Salz, Cayenne

Für die Garnitur:

1 Stück Rote Bete, 100 g engl. Sellerie (nur das Weiße), 24 junge Sauerampferblätter, 4 EL dicke saure Sahne, Beluga-Malossol-Kaviar (kann, muß aber nicht sein)

Vorbereiten

Kraftbrühe: Das Entenklein und den Kalbsfuß leicht anrösten, ohne das Fett in einen Topf geben und mit Wasser bedecken. Aufwallen lassen, abschäumen und 1 Stunde leise kochen lassen. Die mit Nelken und Lorbeerblatt gespickte Zwiebel, die Karotte, Lauch, Sellerie und Thymian hinzufügen und nochmals 1 1/2 Stunden ziehen lassen. Passieren und danach abkühlen lassen. Für die Brühe ein Stück Rote Bete raspeln und salzen, um einige Tropfen Saft zu gewinnen.
Das Geflügelfleisch würfeln. Zwiebel halbieren und auf der Herdplatte anbräunen. Tomaten überbrühen, die Haut abziehen, entkernen und würfeln.
Garnitur: Rote Bete in Streifen schneiden, Sellerie schälen und knackig kochen. Sauerampfer waschen.

Zubereiten

Die Geflügelfleischwürfel mit Eiweiß, den Zwiebel- und Tomatenwürfeln, Petersilie und Estragon gut vermengen, mit Weißwein und der Kraftbrühe auffüllen und mit einigen Tropfen Rote-Bete-Saft färben. Unter ständigem Rühren aufkochen und 30 Minuten ziehen lassen. Mit Salz und Cayenne abschmecken. Durch ein Passiertuch filtern, entfetten und kalt stellen. Sollte die Suppe nicht gelieren, eventuell einige eingeweichte Gelatineblätter beigeben.
Rote Bete und Sellerie in Suppentassen verteilen, mit der Kraftbrühe auffüllen und mindestens 12 Stunden im Kühlschrank durchkühlen und gelieren lassen.

Anrichten

Mit den vorher durch kochendheißes Wasser gezogenen Sauerampferblättern wird die gelierte Brühe dekoriert. In die Mitte setzt man den Beluga-Malossol-Kaviar und gibt die möglichst selbstangesetzte saure Sahne herum. (Foto Seite 45)

Crème de céleris-raves aux truffes noires

Sellerierahmsuppe mit schwarzen Trüffeln

Rezeptur für 4 Personen

250 g Knollensellerie (brutto 300 g), 1 Zitrone, 3 dl Geflügelbrühe (siehe Grundrezept Seite 279), 50 g frische schwarze Trüffeln, 50 g Butter, 1 EL Madeira, 1/4 l Sahne

Vorbereiten

Sellerie waschen, schälen, in vier Teile schneiden und mit Zitronensaft einreiben. Im Dampftopf weichdämpfen. Anschließend im Mixer sehr fein pürieren. In eine Kasserolle schütten, die heiße Geflügelbrühe, bis auf 1 Eßlöffel, beigeben und heißschlagen.

Trüffeln waschen, bürsten und in Scheiben oder Streifen schneiden. In einem nußgroßen Stück Butter langsam anschwitzen und mit je 1 Eßlöffel Madeira und Geflügelbrühe ablöschen.

Zubereiten

Die gedünsteten Trüffeln in die Selleriebrühe geben. Die Sahne hinzufügen und die Suppe noch einmal erhitzen, nicht mehr kochen. Nach und nach die übrige Butter kalt einrühren. Sehr heiß servieren.

Soupe de tomates aux quenelles de fromage blanc

Frische Tomatensuppe mit Quark-Nocken

Rezeptur für 6 Personen

Für die Suppe:

25 g Schinkenspeck, 1 Zwiebel, 1 kleine Karotte (ca. 30 g), 1 Stück engl. Sellerie (ca. 30 g), 1 kg frische vollreife Gartentomaten (ca. 600 g netto), 1 kleine Knoblauchzehe (ungeschält), 1 kleiner Zweig Thymian, 1 Lorbeerblatt, 1 Gewürznelke, 1 Salbeiblatt, 2 Nadeln vom Rosmarin, 100 g Tomatenpüree, 1 l Geflügelbrühe (Grundrezept S. 279), Salz, weißer Pfeffer aus der Mühle, 8–10 Stück Würfelzucker

Für die Quark-Nocken:

35 g Butter, 3 Eigelb, 45 g geriebenes Weißbrot ohne Rinde, 135 g Quark, etwas Estragon oder Basilikum (ca. 2 g), Salz, weißer Pfeffer aus der Mühle, Muskat

Vorbereiten

Tomatensuppe: Den Schinkenspeck sehr fein hacken. Die Zwiebel schälen und zusammen mit Karotte und englischem Sellerie in kleine Würfel schneiden. Tomaten waschen, Strünke herausschneiden, an der Oberseite kreuzweise einschneiden und in kochendem Wasser einige Sekunden aufwallen lassen, dann sofort in Eiswasser abkühlen lassen. Enthäuten, in 4 Teile schneiden und die Kerne entfernen.
Quark-Nocken: Die Butter mit den Eidottern schaumig rühren und dann alle anderen Zutaten dazugeben. Die Masse muß nun mindestens 3 Stunden ruhen.

Zubereiten

Tomatensuppe: Den feingehackten Schinkenspeck auslassen und sämtliche Gemüse und Aromaten darin ohne Farbe anschwitzen. Das Tomatenmark dazugeben und in 10 Minuten langsam gardünsten. Dann die frischen Tomaten dazugeben, mit der Geflügelbrühe auffüllen und die Suppe etwa 35 Minuten langsam kochen. Anschließend wird sie durch ein feines Spitzsieb passiert und heiß gerührt, bevor man sie mit Salz, Pfeffer und Zucker abschmeckt.
Quark-Nocken: Von der vorbereiteten Masse mit zwei Eßlöffeln Nocken abstechen oder zwischen den Handflächen runde Kugeln formen und in leicht gesalzenem Wasser 10 Minuten garziehen lassen.

Anrichten

Die heiße Suppe in einem Suppenteller servieren und mit einer Quark-Nocke garnieren. (Foto Seite 59)

Witzigmann rät

Wenn die Suppe betont süßlich abgeschmeckt wird, ist der Kontrast zu den Quark-Nocken mit ihrem Basilikum- oder Estragon-Parfüm besonders interessant.

Potage de pommes de terre aux cêpes fraîches et marjolaine

Kartoffelrahmsuppe mit frischen Steinpilzen und Majoran

Rezeptur für 6 Personen

150 g Kartoffeln (mehlig kochend), 50 g Zwiebeln, 100 g Lauch (nur die weißen Teile), 200 g Steinpilze, 1 EL frischer Kerbel, 1 EL frischer Majoran, 25 g Butter, 3/4 l Geflügelbrühe (siehe Grundrezept Seite 279), 2 EL Olivenöl, Salz, weißer Pfeffer aus der Mühle, Muskat, 2 dl Sahne

Vorbereiten

Die Kartoffeln waschen, schälen und in dünne Scheiben schneiden. Zwiebel schälen, den Lauch waschen und beides fein würfeln. Die Steinpilze putzen (möglichst nicht waschen) und in nicht zu dünne Scheiben schneiden. Kerbel und Majoran zupfen.

Zubereiten

Die Butter zerlaufen lassen und darin die Zwiebel und den Lauch glasig dünsten, mit der Geflügelbrühe auffüllen. Die Kartoffelscheiben hinzufügen und in ca. 25 Minuten weichkochen.
Inzwischen das Olivenöl erhitzen und darin die Steinpilze hellbraun braten. Auf ein Sieb schütten und das Öl ablaufen lassen.
Die Geflügelbrühe mit Kartoffeln, Zwiebeln und Lauch im Mixer pürieren, wieder in den Kochtopf zurückgießen und mit Salz, Pfeffer und Muskat würzen. Die Steinpilze hinzufügen und alles 5 Minuten ziehen lassen (nicht mehr kochen).
Zum Schluß gibt man die Sahne, Kerbel und Majoran hinzu, rührt die Suppe noch einmal heiß (läßt sie aber wiederum nicht kochen) und serviert sie sofort.

Ox-tail clair

Klare Ochsenschwanzsuppe

Rezeptur für 4–6 Personen

800 g Ochsenschwanz in ca. 6 cm dicken Würfeln, 4 cl Olivenöl, 30 g Sellerie, 50 g Karotten, 1 Zwiebel von 100 g, 30 g Tomatenpüree, 3 g weißer und schwarzer Pfeffer, zerstoßen, 2 Thymianzweige, 10 g Wacholderbeeren, 0,5 l Rotwein, 4 l Wasser

Für das Klärfleisch:

250 g mageres Rindfleisch in feine Würfel geschnitten oder durch die grobe Scheibe des Fleischwolfs gedreht, je 10 g Karotten, Sellerie und Lauch, 5 Eiweiß, 2 cl Madeira

Vorbereiten

Die Ochsenschwanzwürfel werden in heißem Olivenöl angebraten, bis sie leicht Farbe genommen haben. Nun den kleingeschnittenen Sellerie, die Karotten und die ganze Zwiebel beifügen und bei schwacher Hitze weiterbraten. Nach etwa einer halben Stunde das Tomatenpüree, den zerstoßenen Pfeffer, die Thymianzweige und die zerdrückten Wacholderbeeren dazugeben und langsam weiterbraten. Wenn die Fleischwürfel gut braun sind, mit dem Rotwein ablöschen und die Flüssigkeit einkochen lassen. Nun mit Wasser auffüllen und weiterkochen, bis die Ochsenschwanzwürfel gar sind. Die Suppe wird dann durch ein Sieb passiert und kalt gestellt.

Zubereiten

Klärfleisch: Wenn die Suppe vollkommen erkaltet ist, das durchgedrehte Klärfleisch mit den zerkleinerten Gemüsen und dem Eiweiß in einen hohen Topf geben und mit der Brühe auffüllen.

Das Ganze bei niedriger Temperatur und unter stetigem vorsichtigem Rühren aufkochen lassen. Nun die Suppe passieren und mit Madeira pikant abschmecken.

Das Ochsenschwanzfleisch von den Knochen lösen, pressen und in kleine Würfel schneiden. Zusammen mit Karotten und Sellerie in die Suppe geben.
Die Ox-tail clair in Suppentassen sehr heiß servieren.

Crème de fines herbes aux croûtons

Legierte Kräutersuppe mit frischen Wachteleiern

Rezeptur für 4 Personen

8 Wachteleier, Salz, 120 g Kräuter (Kerbel, Estragon, Sauerampfer und Schnittlauch), 3 dl Geflügelkraftbrühe (siehe Grundrezept Seite 279), weißer Pfeffer aus der Mühle, Muskat, Salz, 3 dl Sahne, 4 Eigelb, 60 g Butter, 1 Scheibe Toast ohne Rinde

Gerät:

Kochtopf mit dickem Boden, ca. 20 cm Durchmesser, 6 cm hoch

Vorbereiten

Die Wachteleier werden in kochendes Salzwasser gegeben und 3 Minuten gekocht. In Eiswasser abkühlen und vorsichtig schälen. Zwei Eier in jede Tasse geben.
Alle Kräuter fein hacken.

Zubereiten

In einem Kochtopf wird die Geflügelkraftbrühe zum Kochen gebracht und kräftig mit Pfeffer, Muskat und Salz gewürzt.
Inzwischen Sahne und Eigelb mit dem Schneebesen verrühren und unter ständigem Rühren etwa zur Hälfte in die kochendheiße Geflügelkraftbrühe gießen.
Diese Legierung zu der restlichen Brühe geben und die gehack-

ten Kräuter und die Butter hinzufügen. Auf einer nicht zu heißen Herdplatte die Rahmsuppe zu einer leicht dickflüssigen Creme rühren.

Anrichten

Die Crème des fines herbes in die Tassen auf die Wachteleier füllen und mit einigen in Butter knusprig gerösteten Brotwürfeln bestreuen. (Foto Seite 59)

Crème de petits pois à la menthe

Rahmsuppe von frischen Zuckererbsen mit Minze

Rezeptur für 4 Personen

200 g Zuckererbsen, 1/2 l Geflügelkraftbrühe (siehe Grundrezept S. 279), 10 frische mittelgroße Minzeblätter, 3 EL Sahne, 30 g Butter, Salz, Pfeffer aus der Mühle

Vorbereiten

Die frischen Zuckererbsen aus den Schoten lösen. Die kräftige Geflügelkraftbrühe zum Kochen bringen.

Zubereiten

Die ausgelösten Erbsen und die Minzeblätter in die Brühe geben und rund 8 Minuten kräftig kochen lassen. Dann alles im Mixer ganz fein pürieren. Die Suppe in einen Topf gießen, heiß schlagen und im letzten Augenblick Sahne und Butter einrühren. Nicht kochen lassen. Mit Salz und Pfeffer würzen und sofort anrichten.

Witzigmann rät

Kleine, kroß gebratene Speckwürfel und in Butter braun geröstete Brotwürfel dazu reichen.

Panaché de poissons de mer en soupe

Klare Fischsuppe mit verschiedenen Meeresfischen

Rezeptur für 4 Personen

1 Seezunge, 2 Rotbarben oder Drachenköpfe à 200 g, 1 Goldbrasse oder Seewolf, 4 Langustinenschwänze, 10 g Karotten, 10 g engl. Sellerie, 10 g Lauch, 1 EL Kerbel oder Estragon

Für den Fischsud:

20 g Butter, Fischgräten und Langustinenkörper, 10 g engl. Sellerie, 10 g Zwiebeln oder Schalotten, 10 g Lauch, 1 kleiner Thymianzweig, 1 Estragon- und Petersilienstengel, 2 Champignons, 1 kleine Tomate, 1 dl Muscadet, 2 dl Wasser

Für den Muschelsud:

250 g Muscheln, 1 Schalotte, 4 cl Muscadet, 4 cl Wasser

Vorbereiten

Die Seezunge häuten und filetieren. Rotbarben oder Drachenkopf sowie Seewolf oder Goldbrasse schuppen und ebenfalls filetieren. Die Langustinenschwänze aufbrechen. Die Fischgräten werden für den Fischsud aufbewahrt.
Das geputzte und gewaschene Gemüse in zündholzlange und -dicke Streifen schneiden und in Salzwasser knackig kochen.
Fischsud: Die Butter in einem Topf zerlaufen lassen, dann die Fischgräten und Langustinenkörper sowie das Gemüse, Thymian, Estragon- und Petersilienstengel, Champignons und die halbierte, entkernte Tomate dazugeben. Alles zugedeckt ca. 10 Minuten im eigenen Saft dünsten. Nun den Weißwein und das Wasser angießen und nochmals 10 Minuten kochen lassen. Den Sud durch ein Haarsieb passieren. Das hochsteigende Fett anschließend abschöpfen.
Muschelsud: Die sauber abgebürsteten, gewaschenen Muscheln werden mit der gehackten Schalotte, dem Weißwein und Wasser zugedeckt in ca. 4 Minuten rasch gekocht. Die gegarten

Muscheln aus der Schale lösen, den Bart entfernen. Den Muschelsud durch ein Tuch filtern.

Zubereiten

Den Fisch- und Muschelsud in einen flachen Topf schütten und zum Aufkochen bringen. Die Fischfilets und die Langustinenschwänze einlegen und ca. 4 Minuten ziehen lassen. Der Sud soll nicht kochen. Dann werden die Muscheln zum Erhitzen hineingegeben.

Anrichten

Die Fischfilets, Langustinenschwänze und Muscheln vorsichtig mit einer Schaumkelle aus der Suppe nehmen und zusammen mit dem Gemüse auf gut vorgewärmte Teller verteilen. Die mit Salz und etwas Pfeffer abgeschmeckte Suppe darübergießen, mit gezupftem Kerbel oder Estragon garnieren und sofort servieren.

Witzigmann rät

Reichen Sie zu dieser köstlichen Fischsuppe knuspriges Knoblauchbrot.

Potage de grenouilles – façon Haeberlin

Froschschenkelsuppe

Rezeptur für 4 Personen

50 g Butter, 4 Schalotten, 500 g Froschschenkel, 1/4 l Weißwein, 1/4 l Fond blanc, 1 Strauß Brunnenkresse, 50 g Reiscreme (siehe unten), 1/4 l Sahne, 2 Eigelb, Salz, Pfeffer

Für die Reiscreme:

200 g Reis, 5 cl helle Fleischbrühe, 2 EL Butter, 2 EL Crème fraîche

Vorbereiten

Reiscreme: Den Reis abbrühen und abtropfen lassen, dann in der Fleischbrühe 45 Minuten kochen. Einen Eßlöffel Butter zufügen und durch ein Sieb passieren. Die aufgefangene Creme mit dem zweiten Eßlöffel Butter und Crème fraîche vollenden. Die Schalotten werden geschält und gehackt, die Brunnenkresse fein geschnitten.

Zubereiten

Die Hälfte der Butter wird in einer Kasserolle geschmolzen und die Schalotten darin kurz angedünstet. Die Froschschenkel zugeben, ebenso den Weißwein und den Fond blanc. 10 Minuten kochen lassen. Nun die Froschschenkel aus dem Sud nehmen und das Fleisch von den Knochen lösen. Die Brunnenkresse in der restlichen Butter anschwitzen, den Froschschenkelsud zugießen und 30 Minuten kochen lassen. Zum Binden der Suppe 50 g Reiscreme einrühren. Die Suppe nun durch ein Sieb passieren und kurz vor dem Servieren mit Sahne und Eigelb binden; die Suppe darf nun nicht mehr kochen. Schließlich wird das Froschschenkelfleisch in die Suppe gegeben und mit Salz und Pfeffer abgeschmeckt.

Anrichten

Die Froschschenkelsuppe in vorgewärmte tiefe Teller geben und sehr heiß servieren.

Soupe de brochet

Hechtsuppe

Rezeptur für 4 Personen

20 g engl. Sellerie, 20 g Weißes vom Lauch, 3 Champignons, 1 Zwiebel, 1 Tomate, 10 g Petersilien- und Estragonstengel, 500 g Hechtkarkassen (Gräten und Kopf), 60 g Butter, 2 dl Riesling, 3/4 l Wasser, Salz, weißer Pfeffer aus der Mühle, 2 EL gehackter Kerbel

Vorbereiten

Sellerie, Lauch und Champignons putzen, waschen und in kleine Würfel schneiden. Die Zwiebel schälen und fein hacken. Die Tomate überbrühen, die Haut abziehen und ebenfalls fein würfeln. Petersilie und Estragon waschen und zupfen.

Zubereiten

20 g Butter erhitzen und darin Gemüse und Kräuter anschwitzen, ohne daß sie Farbe annehmen. Die zerkleinerten Hechtkarkassen beigeben und zugedeckt 10 Minuten auf kleiner Flamme dünsten. Anschließend Weißwein (bis auf einige Spritzer) und Wasser sowie eine Prise Salz hinzufügen und nochmals 20 Minuten leise kochen lassen. Dabei das aufsteigende Fett abschöpfen. Durch ein feines Sieb passieren.
Den restlichen Riesling, Pfeffer und Kerbel hineingeben. Im letzten Augenblick 40 g Butter unterrühren, nicht mehr kochen.

Anrichten

Man kann die Suppe mit einigen Streifen von in der Suppe gargezogenem Hechtfleisch oder mit einigen Krebsen anreichern.

Soupe aux huîtres et citrons verts glacés

Geeiste Austernsuppe mit Limetten

Rezeptur für 4–6 Personen

Für den Fischsud:

10 g Zwiebeln, 10 g engl. Sellerie, 10 g Lauch (nur das Weiße), 1 kg Seezungen- oder Steinbuttgräten, 1 l Wasser, 2 dl Weißwein, Salz, 1 kleiner Thymianzweig, 1 kleines Lorbeerblatt, 5 Pfefferkörner

6 Austern pro Person, 2 Limetten, 200 g Fischfleisch (gewürfelt), 1 kleine Gartengurke, 3 Tomaten

2 Eiweiß, 10 g Zwiebeln, 100 g Tomaten, je 10 g Petersilien- und Estragonstengel, 2 dl Weißwein

Vorbereiten

Fischsud: Zwiebel, Sellerie und Lauch putzen und in kleine Würfel schneiden. Zusammen mit den Fischgräten dünsten und mit Wasser, Wein, Salz, Thymian und Lorbeerblatt aufkochen. Abschäumen und ca. 35 Minuten ziehen lassen. Nach 25 Minuten die Pfefferkörner beigeben und passieren.
Die Austern öffnen und entbarten. Den Saft auffangen und passieren.
Limetten enthäuten, filetieren und in kleine Würfel schneiden. Gurken schälen, entkernen, in Würfel schneiden, dann in Salzwasser aufwallen und abkühlen lassen. Tomaten überbrühen, die Haut abziehen, entkernen und ebenfalls in kleine Würfel schneiden.

Zubereiten

Die Fischwürfel mit Eiweiß, den Zwiebel- und Tomatenwürfeln, Petersilien- und Estragonstengeln gut vermengen, mit Weißwein und dem erkalteten Fischsud auffüllen, salzen und unter ständigem Rühren aufkochen. 20 Minuten ziehen lassen. Anschließend durch ein Passiertuch filtern, entfetten und kalt

Soupe de coquilles St.-Jacques au safran

Crème de fines herbes aux croûtons

Soupe de tomates aux quenelles de fromage blanc

stellen. Die Austern im eigenen Saft einige Sekunden ziehen lassen. Herausnehmen und den Sud zum Fischsud geben.

Anrichten

Pro Person 6 Austern in Suppentassen geben, Limetten-, Tomaten- und Gurkenwürfel darauf verteilen und mit der kalten Fischbrühe auffüllen. Mindestens 12 Stunden im Kühlschrank durchkühlen lassen. Sollte der Sud nicht genügend fest werden, empfiehlt es sich, beim Klären einige eingeweichte Gelatineblätter in die Suppe zu geben.

Fond de moules

Muschelsud

Grundrezept

1 kg Muscheln, 4 cl Wasser, 4 cl Weißwein, 1 Schalotte, 1 EL engl. Sellerie, 1 Petersilienstengel, 1 ganz kleiner Thymianzweig, weißer Pfeffer aus der Mühle

Vorbereiten

Die Muscheln sauber abkratzen und mehrmals in Wasser durchwaschen.
Schalotte schälen und in kleine Würfel schneiden. Sellerie schälen und waschen und ebenfalls fein würfeln. Petersilie waschen und zupfen.

Zubereiten

Wasser und Wein zusammen mit den Schalotten- und Selleriewürfeln, Petersilie und Thymian in einem Topf zum Aufkochen bringen und die Muscheln hineingeben. Mit Pfeffer würzen. Den Topfdeckel daraufsetzen und etwa 4–5 Minuten kochen, bis die Muscheln sich öffnen (nicht zu lange kochen!).
Anschließend werden die Muscheln mit einer Kelle aus dem Sud genommen und anderweitig verwendet - z. B. für Suppen, Salate oder als Garnitur.
Den Sud mindestens 10 Minuten ruhen lassen, damit der Sand sich absetzt, und dann durch ein Tuch passieren.
Aus den angegebenen Zutaten erhalten Sie ungefähr 4 dl Muschelsud.

Soupe de coquilles St-Jacques au safran

Jakobsmuschelsuppe mit Safranfäden

Rezeptur für 4 Personen

*1 kg Jakobsmuscheln in der Schale, 10 g Karotten,
10 g engl. Sellerie, 10 g Lauch, 30 g Fenchel, 20 g Butter,
50 g Tomaten (netto), 20 Safranfäden,
4 dl Fischsud (siehe Grundrezept Seite 65),
2 dl Muschelsud (siehe Grundrezept Seite 61), 150 g Butter,
2 EL gezupftes Fenchelgrün, einige Tropfen Pernod*

Vorbereiten

Jakobsmuscheln öffnen, von den Häuten befreien, waschen und auf ein Tuch legen.
Karotten, Sellerie, Lauch und Fenchel waschen und in kleine Würfel schneiden. Tomaten waschen, überbrühen, enthäuten und vierteln.

Zubereiten

Gemüsewürfel in 20 g Butter anschwitzen, Tomatenwürfel und Safranfäden hinzufügen und das Ganze mit dem Fisch- und Muschelsud auffüllen. 5 Minuten kochen lassen.
Die Jakobsmuscheln beigeben und 3 Minuten ziehen lassen. Wieder herausnehmen und in vier Suppentassen verteilen.
Die Suppe in den Mixer geben und mit der Butter mixen; sie dann wieder zurück in den Topf schütten und heißrühren. Das Fenchelgrün hinzufügen und die Jakobsmuschelsuppe mit Pernod abschmecken.

Anrichten

Die Suppe in die Suppentassen über die Jakobsmuscheln gießen und heiß servieren. (Foto Seite 59)

Soupe d'écrevisses au Cassis »Maître«

Krebssuppe mit Cassis-Likör

Rezeptur für 4 Personen

16 Krebse (möglichst Flußkrebse), 60 g Butter, 2 Schalotten, 4 cl Himbeergeist, 4 cl Cassis-Likör, 1 dl weißer Burgunder, 2 Knoblauchzehen, 1 EL Estragonstengel, 1 EL Tomatenwürfel, 1 EL Fleischglace (siehe Grundrezept Seite 277), 2 dl Sahne, Salz, Cayenne, 16 Spargelspitzen, 1 EL Kerbel

Vorbereiten

Krebse waschen und in kochendem Wasser in 30 Sekunden abtöten. Wieder herausnehmen.
Estragon und Kerbel waschen und zupfen. Schalotten hacken. Spargelspitzen in Salzwasser knackig kochen.

Zubereiten

50 g Butter in einer Kasserolle aufschäumen lassen, die Krebse hineingeben und anrösten. Die gehackten Schalotten hinzufügen, mit Himbeergeist ablöschen und den Cassis sowie den weißen Burgunder beigeben. Die ungeschälten geklopften Knoblauchzehen, Estragon, Tomatenwürfel und die Fleischglace ebenfalls hinzufügen und das Ganze zum Kochen bringen. Nach 2 Minuten Kochzeit die Krebse herausnehmen. Ausbrechen und den Darm entfernen.
Nun die Krebskörper fein zerstoßen und zum Krebssud geben. Mit Sahne auffüllen und ziehen lassen (ca. 30 Minuten). Anschließend durch ein feines Spitzsieb passieren.
Noch einmal erhitzen, mit Salz und Pfeffer abschmecken. Krebsfleisch, Spargelspitzen und Kerbel beigeben und zuletzt noch einige Butterflöckchen einrühren.

Anrichten

Die Suppe auf vier tiefen heißen Tellern sofort servieren.

Soupe de melon glacé au homard à la menthe

Geeiste Melonensuppe mit Hummer und frischer Minze

Rezeptur für 2 Personen

Für die Melonensuppe:

1 Hummer à 450 g, Salz, 300 g vollreifes Melonenfleisch, 100 g Joghurt, 6 frische Minzeblätter

Für die Hummersauce:

200 g Hummerschalen, 1 EL Olivenöl, 1 EL Tomatenmark, 1 dl Cognac, 2 dl Weißwein, 2 dl Geflügelbrühe (siehe Grundrezept Seite 279) oder Fischsud (siehe Grundrezept Seite 65), 3 dl Sahne, Cayennepfeffer

Vorbereiten

Melonensuppe: Hummer 5 Minuten in Salzwasser kochen. Auskühlen lassen. Herausnehmen und ausbrechen. Das Hummerfleisch in kleine Würfel schneiden.

Zubereiten

Hummersauce: Die Hummerschalen stoßen und in Olivenöl anrösten. Das Fett abgießen, Tomatenmark hinzufügen, mit Cognac und Weißwein ablöschen und völlig einkochen. Mit Geflügelbrühe oder Fischsud auffüllen und nochmals ganz einkochen. Die Sahne beigeben und 20 Minuten ziehen lassen. Anschließend passieren und kaltstellen.
Melonensuppe: Das Melonenfleisch zusammen mit dem Joghurt im Mixer sehr fein pürieren. In eine Schüssel gießen und Minze, Hummerfleischwürfel und die kalte Hummersauce vorsichtig unterrühren. Mit Cayennepfeffer und einem Spritzer Cognac würzen und abrunden.

Anrichten

Gut durchgekühlt in der Melonenschale oder in Suppentassen servieren.

Fumet de poissons

Fischfond

Grundrezept

1 kg Fischgräten von Plattfischen (Steinbutt, Seezunge, Glattbutt, Rotzunge usw.), 100 g Zwiebeln, 100 g engl. Sellerie, 50 g Champignonstiele, 30 g Petersilienstengel, 1/2 Zitrone, 1 Zweig Thymian, 1 kleines Lorbeerblatt, 1 l Wasser

Vorbereiten

Die Fischgräten waschen und in Stücke zerteilen. Zwiebeln, Sellerie und Champignonstiele in Scheiben oder Würfel schneiden, die Petersilienstengel mit einem Faden zusammenbinden, die Zitronenhälfte von der Schale und der weißen Haut befreien und in Scheiben schneiden.

Zubereiten

Das Gemüse zusammen mit den Aromaten und den Fischgräten in einen Topf geben und bei gelinder Hitze zugedeckt ca. 10 Minuten dünsten. Mit 1 l kaltem Wasser auffüllen, zum Kochen bringen und noch einmal ca. eine halbe Stunde lang leise kochen lassen, dabei den Schaum ständig abschöpfen. Anschließend durch ein Sieb pressen und kalt stellen.

Witzigmann rät,

beim Stein- und Glattbutt die Flossen mit einer Fischschere abzuschneiden, da sie häufig einen tranigen Geschmack haben.

LES POISSONS

Fisch

Steinbutt, Seeteufel, Brasse, Hecht, Seezunge, Aal, Karpfen, St.-Peter-Fisch – Fisch hat nicht nur von makelloser Qualität zu sein, er wird auch stets genau »auf den Punkt« gegart, und sein Eigengeschmack soll trotz der Vielfalt der Zutaten vollkommen bewahrt bleiben.

1. *Tronçons de raie bouclée braisée au cidre*
2. *Grenadins de lottes, langoustines et brocolis*
3. *Filet de barbue à la crème d'oursins*

1

3

2

Filet de barbue à la crème d'oursins

Meerbuttfilets in Seeigelsauce

2 Filets vom Meerbutt, Salz, weißer Pfeffer aus der Mühle,
1 Zucchini, 30 g Butter, 4 cl Champagner, 2 EL Öl, 1 Thymianzweig

Für die Seeigelsauce:

2 Seeigel, 1 dl Crème fraîche

Gerät:

1 feuerfeste Form

Vorbereiten

Die Meerbuttfilets mit Salz und Pfeffer bestreuen. Die Seeigel an der flachen Seite mit einer Küchenschere aufschneiden, die Zungen herauslöffeln und in einer Schüssel beiseite stellen.
Die Zucchini waschen (Enden abschneiden) und ungeschält in zündholzlange und ebenso dicke Streifen (julienne) schneiden.

Zubereiten

Eine feuerfeste Form mit Butter ausstreichen, die Filets hineinlegen und mit dem Champagner untergießen. In dem auf 200° vorgeheizten Ofen auf jeder Seite 3 Minuten garen lassen, aus der Flüssigkeit nehmen und auf tiefen Tellern warm stellen.
Inzwischen die Zucchinistreifen in heißem Olivenöl knackig anbraten und mit Salz, Pfeffer und Thymian würzen.
Seeigelsauce: Die Garflüssigkeit der Meerbuttfilets rasch einkochen, die Sahne beigeben und zu einer sämigen Sauce verrühren. Erst im letzten Augenblick die Seeigelzungen beigeben.

Anrichten

Über die Filets, die auf tiefen Tellern angerichtet sind, die heiße Seeigelsauce gießen und mit den Zucchinistreifen bestreuen. Sofort servieren. (Foto Seite 67)

Witzigmann rät,

dasselbe Gericht auch einmal mit frischen Jakobsmuscheln zu versuchen.

Tronçons de raie bouclée braisée au cidre

Rochenschnitten in Cidre gedünstet

Rezeptur für 4 Personen

4 Scheiben frischer Rochen à 180 g, 1 Schalotte,
2 reife mittelgroße Tomaten (100 g netto),
1 Bund Schnittlauch oder Estragon, Salz, Pfeffer, 1 dl Cidre,
4 cl trockener Weißwein, 4 cl Muschelsud (Grundrezept S. 61),
1 1/2 dl Crème fraîche, 50 g Butter, 1 TL Senf,
1 EL Calvados

Vorbereiten

Die Rochenscheiben werden enthäutet, die Schalotte geschält und fein gehackt, die Tomaten werden abgezogen, entkernt und gewürfelt. Schnittlauch oder Estragon fein schneiden.

Zubereiten

Eine ovale feuerfeste Form wird mit Butter eingefettet, mit der gehackten Schalotte und den Tomatenwürfeln ausgelegt, diese werden mit Salz und Pfeffer bestreut. Darauf gibt man die Rochenschnitten, untergießt sie mit 4 cl Cidre (den Rest für die Sauce aufbewahren), Weißwein und dem Muschelsud und dünstet sie langsam unter ständigem Begießen mit der Flüssigkeit in ca. 10–15 Minuten bei 180 Grad im Backofen gar. Anschließend herausnehmen und warm stellen.
Nun den Fischsud rasch vollkommen einkochen. Die Crème fraîche angießen, dickflüssig einkochen lassen und dann nacheinander die eiskalte, in Stücke geschnittene Butter, Senf, Calvados und den restlichen Cidre in die Sauce einrühren; zum Schluß pikant abschmecken.

Anrichten

Die Rochenschnitten auf vorgewärmte Teller verteilen, mit der Sauce begießen und mit Schnittlauch oder Estragon bestreut sofort servieren. (Foto Seite 67)

Witzigmann rät,

den Rochen zur Abwechslung in einem kräftigen Wurzelsud garziehen zu lassen und die Sauce gesondert zuzubereiten.

Délice de turbot aux deux sauces

Steinbuttfilet auf Blattspinat, rote Buttersauce und Schnittlauch-Sabayon

Rezeptur für 2 Personen

Für den Blattspinat:

500 g frischer Spinat, 20 g Butter, Salz, weißer Pfeffer, Muskat

2 Steinbuttfilets (à 180–200 g), 20 g Butter, Salz, weißer Pfeffer aus der Mühle, 4 cl Champagner, 4 cl Fischsud (s. Grundrezept S. 65), 1/2 Zitrone

Für die rote Buttersauce:

1 cl Volnay, 1 Schalotte, 50 g Gänseleber-Parfait (siehe Grundrezept S. 286), 50 g Butter

Für den Schnittlauch-Sabayon:

4 cl Noilly Prat, 4 cl Champagner, 4 cl Fischsud, 1 Eigelb, 1 Bund Schnittlauch, 1/2 Zitrone, Salz, Cayenne

Gerät:

Ovale Form, ca. 30 cm lang, 10 cm breit

Vorbereiten

Blattspinat: Der Spinat wird gewaschen und in Salzwasser einmal aufgekocht; auf ein Sieb geschüttet und kalt abgespült.
Steinbuttfilets: Die ovale Form mit der Butter ausstreichen. Salz und Pfeffer darüberstreuen, Champagner und Fischsud beigeben. Die Steinbuttfilets daraufsetzen, diese ebenfalls mit Salz und Pfeffer bestreuen und mit etwas Zitronensaft beträufeln. Abdecken und bei 180–220° im Backofen auf den Punkt gar dünsten (ca. 10 Minuten).

Zubereiten

Blattspinat: Der gedämpfte und inzwischen gut abgetropfte Spinat wird nun in der hellbraunen Butter langsam erhitzt und mit Salz, Pfeffer und Muskat fein abgeschmeckt.
Rote Buttersauce: Der Rotwein wird mit der gehackten Schalotte bis auf ein Drittel eingekocht, mit der passierten Gänseleber und kalten Butterstückchen gebunden und mit dem beim Dämpfen des Steinbutts gewonnenen Fischsud etwas verdünnt.
Schnittlauch-Sabayon: Noilly Prat, Champagner und Fischsud (vom gedämpften Steinbuttfilet) zur Hälfte einkochen, das Eigelb beigeben und im Wasserbad steifschlagen. Den feingeschnittenen Schnittlauch daruntermischen. Mit Zitronensaft, Salz und Cayenne abschmecken.

Anrichten

Auf die heißen Teller wird der Blattspinat gebettet, darauf der Steinbutt - überzogen mit dem Schnittlauch-Sabayon - gesetzt und mit der roten Buttersauce umgossen. Sofort servieren. (Foto Seite 73)

Suprême de turbot farci au beurre de noix fraîches

Steinbuttfilet mit frischen Walnüssen und Sardellenbutter gefüllt

Rezeptur für 2 Personen

2 Steinbuttfilets vom Mittelstück à 220 g,
2 cl frischer Traubensaft aus ca. 150 g grünen Trauben,
2 EL Wasser oder Fischsud aus Steinbuttgräten

Für die Walnußbutter:

50 g frische Walnüsse, 50 g Butter, 1 Sardellenfilet,
Pfeffer aus der Mühle

Gerät:

2 Stücke Alufolie, ca. 30 × 25 cm

Vorbereiten

Die Steinbuttfilets werden gesäubert und der Länge nach so aufgeschnitten, daß sie noch zusammenhängen.
Die Trauben auspressen und den Saft auffangen.
Die frischen Walnüsse aufschlagen, die Haut von den Kernen abziehen und davon 30 g fein reiben und die übrigen 20 g grob hacken. Das Sardellenfilet 1 Stunde wässern.

Zubereiten

Walnußbutter: Die weiche Butter wird schaumig gerührt und mit den fein geriebenen und grob gehackten Nüssen, dem zerquetschten Sardellenfilet sowie Pfeffer aus der Mühle gut vermengt oder, falls Sie einen besitzen, im Mörser glattgestoßen.
Nun die Steinbuttfilets aufklappen und mit der Walnußbutter füllen, dann zusammenlegen und die Filets auf die mit Butter gefetteten Folien geben. Über jedes Filet je einen Eßlöffel Wasser oder Fischsud und Traubensaft gießen und dann die

Chambertin Clos de Bèze 1969 oder
Corton Perrières 1964, beide Bourgogne

Délice de turbot aux deux sauces

Folie gut verschließen. Die Päckchen auf ein Blech legen und im vorgeheizten Backofen bei 180° ca. 20 Minuten garen.

Anrichten

Sie können die Alu-Päckchen auf vorgewärmte Teller geben und sie am Tisch mit einer Schere öffnen oder die Filets aus der Folie nehmen, auf heißen Tellern anrichten und mit dem natürlichen Sud übergossen servieren.

Witzigmann rät

Reichen Sie als unaufdringliche Begleitung zu diesem leichten Fischgericht mehlige Dampfkartoffeln oder Blattspinat.

Turbotin rôti - beurre aux truffes frappé

Kleiner Steinbutt gebraten, mit geschlagener Trüffelbutter serviert

Rezeptur für 4 Personen

Für den Steinbutt:

1 Steinbutt (ca. 1,2 kg), Salz, weißer Pfeffer aus der Mühle, 1 dl Milch, etwas Mehl, 4 dl Olivenöl

Für die Trüffelbutter:

30–50 g frische schwarze Trüffeln, 200 g feinste Tafelbutter, 4 cl Madeira, Salz, weißer Pfeffer aus der Mühle, Saft einer halben Zitrone

Gerät:

1 Sauteuse, 1 schwere ovale Fischpfanne mit dicken Boden

Vorbereiten

Steinbutt: Die Kiemen des Steinbutts mit Hilfe einer Fischschere herausschneiden. Die schwarze Haut vorsichtig mit einem Messer mit feiner Klinge entfernen. Den Fisch zu beiden Seiten entlang der Mittelgräte einschneiden.
Trüffelbutter: Die Trüffeln unter fließendem Wasser sauber bürsten und hacken.

Zubereiten

Steinbutt: Den Steinbutt mit Salz und Pfeffer bestreuen, durch die Milch ziehen, in Mehl wenden und abklopfen. Das Olivenöl in der Fischpfanne erhitzen, den Steinbutt hineinlegen und auf jeder Seite ca. 5 Minuten sehr scharf braten. Mit einem breiten Wender umdrehen und nochmals 10 Minuten saftig braten. Anschließend das Fett abschütten.
Trüffelbutter: In einer Sauteuse 30 g Butter aufschäumen lassen, die gehackten Trüffeln beigeben und kurz anziehen lassen. Mit Madeira ablöschen und einkochen. Abkühlen lassen.
Die restliche handwarme Butter mit den Trüffeln mischen, mit Salz, Pfeffer aus der Mühle und dem Saft einer halben Zitrone würzen und auf Eis schaumig schlagen. In einer Glasschüssel anrichten.

Anrichten

Die Steinbuttfilets vorsichtig abheben und auf vier heißen Tellern verteilen. Mit einem vorher in heißes Wasser getauchten Löffel eine Trüffelbutter-Nocke ausstechen und über dem heißen Steinbuttfilet zerlaufen lassen. Im »Tantris« werden dazu mehlige Dampfkartoffeln serviert.

Gigot de lotte rôtie aux arômates

Seeteufel mit Aromaten gebraten

Rezeptur für 2 Personen

1 Seeteufel (800 g brutto = 650 g netto), Paprikapulver (edelsüß), Mehl zum Wenden, 5 g Lauch, 5 g Karotten, 5 g engl. Sellerie, je 1 EL Estragon, Basilikum, Kerbel, Petersilie, 100 g vollreife Tomaten, 2 cl Olivenöl, 80 g gesalzene Butter, 4 ungeschälte Knoblauchzehen, 1 frischer Thymianzweig, Salz, weißer Pfeffer aus der Mühle, 4 cl Weißwein oder Pinot noir

Gerät:

1 ovale Fischbratpfanne

Vorbereiten

Den Seeteufel enthäuten, die schwarze Haut und alle dunklen Stellen vorsichtig mit einem spitzen Messer entfernen. Leicht mit Paprika bestreuen und in Mehl wenden.
Lauch, Karotten und Sellerie putzen, waschen und in Würfel schneiden. Kräuter gründlich waschen und grob hacken.
Tomaten in kochendem Wasser ganz kurz überbrühen, in eiskaltem Wasser abschrecken. Die Haut abziehen. Vierteln, entkernen und in kleine Würfel schneiden.

Zubereiten

Das Olivenöl und 10 g Butter in der Fischpfanne erhitzen, den Seeteufel hineinlegen und auf beiden Seiten hellbraun anbraten. Die Knoblauchzehen und den Thymianzweig beigeben und auf kleiner Flamme nochmals ca. 10 Minuten braten.
Danach den Seeteufel aus der Pfanne nehmen, mit Salz und Pfeffer bestreuen und warm stellen.
Das Bratfett abschütten, Knoblauchzehen und Thymian herausnehmen. Ein nußgroßes Stück Butter in den Fond geben, das Gemüse hinzufügen und kurz anschwitzen, ohne daß es Farbe annimmt. Mit Weißwein oder Pinot noir, von dem 2 EL

aufgehoben werden, ablöschen und einkochen lassen. Den Seeteufel hineingeben und noch einmal 8 Minuten garen. Dabei ständig mit dem Bratsud begießen.
Den Seeteufel auf einer heißen Platte anrichten. Die Sauce rasch bis zur Dickflüssigkeit einkochen, die restliche Butter einschlagen, mit einigen Spritzern Pinot noir würzen und die Kräuter und Tomatenwürfel unterrühren.

Grenadins de lotte, langoustines et brocolis

Seeteufel, Langustinen und Broccoli in Buttersauce

Rezeptur für 4 Personen

1 Seeteufel, ca. 1000 g schwer, 8 Estragonblätter, 12 frische Langustinen, 1 Schalotte, Salz, Pfeffer, 4 cl Wasser, 50 g Butter

Für die Garnitur:

12 Broccoli-Röschen

Vorbereiten

Die schwarze Haut des Seeteufels abziehen und sämtliche dunklen Stellen mit einem spitzen, feinklingigen Messer entfernen. Den in der Mitte gelegenen Knorpel vorsichtig auslösen und den Fisch in 8 ca. 80 g schwere Stücke zerteilen. Jedes Stück mit einem Estragonblatt belegen, zusammenklappen und eventuell mit Bindfaden zusammenhalten.
Die Langustinenschwänze ausbrechen. Die Schalotte schälen und hacken.
Die Broccoli-Röschen in Salzwasser nicht zu weich kochen und zum Abtropfen auf ein Sieb gießen.

Zubereiten

Ein feuerfestes Geschirr mit Butter ausstreichen, mit der gehackten Schalotte, Salz und Pfeffer ausstreuen, die Seeteufelstücke darauflegen, mit dem Wasser untergießen und mit Butterpapier bedeckt in ca. 8–10 Minuten bei 180° im Backofen garen. Die Langustinenschwänze fügt man erst in den letzten 3 Minuten bei und läßt sie glasig garziehen; man kann sie jedoch auch gesondert braten.
Die Seeteufelstücke und die Langustinen werden nun aus dem Sud genommen, auf vorgewärmte Teller verteilt und warm gestellt.
Den gewonnenen Fischsud etwas einkochen und die eiskalte, in Stücke geschnittene Butter einschwenken.

Anrichten

Die Buttersauce über die Fischstücke gießen, mit den Broccoli-Röschen garnieren und sofort servieren. (Foto Seite 67)

St-Pierre rôti au four piqué de lauriers »Roger Vergé«

St.-Peter-Fisch mit Lorbeeren gespickt

Rezeptur für 2 Personen

St.-Peter-Fisch (ca. 800 g), 12 frische kleine Lorbeerblätter, 3 frische oder getrocknete Fenchelstengel, 1 frischer Thymianzweig, Salz, weißer Pfeffer, 2 EL Mehl, 2 Knoblauchzehen

Für die Sauce:

1 kleine Orange, 1 Limette, 1 Schalotte, 4 EL trockener Weißwein, 100 g Butter, 6 frische Basilikumblätter, Salz, weißer Pfeffer

Vorbereiten

Den St.-Peter-Fisch ausnehmen, die Haut einschneiden (für jedes Lorbeerblatt zwei Einschnittstellen), anheben und die Lorbeerblätter durch die Schnittstellen ziehen (das Fleisch darf dabei nicht verletzt werden!). Am Rückgrat des Fisches entlang einen halben Zentimeter tief einschneiden, den Bauch mit den Fenchelstengeln und dem Thymian füllen.
Sauce: Die Orange und die Limette schälen und das Fruchtfleisch in Filets schneiden. Den Saft aufheben.

Zubereiten

Den gesalzenen und gepfefferten Fisch in Mehl wälzen und abklopfen, in heißem Olivenöl auf beiden Seiten hellbraun anbraten; die ungeschälten, geklopften Knoblauchzehen dazugeben und im vorgeheizten Backofen bei 220° etwa 15 Minuten den Fisch saftig braten.
Sauce: Die gehackte Schalotte mit dem Weißwein einkochen, den Orangen- und Limettensaft dazugeben und nach und nach die kalte Butter hineinschlagen. Schließlich Basilikum und Früchtefilets hinzufügen und mit Salz und Pfeffer abschmekken. Die Sauce darf nicht mehr kochen.

Anrichten

Den St.-Peter-Fisch auf einer ovalen Platte anrichten, die Sauce separat reichen.

Blanc de cabillaud aux ragout de belons

Kabeljaufilet mit Austern in Buttersauce

Rezeptur für 2 Personen

Für die Kabeljaufilets:

30 g Butter, 1 Schalotte, Salz, weißer Pfeffer aus der Mühle, 2 Kabeljaufilets à 200 g, Saft einer halben Zitrone, 4 cl Chablis oder Champagner

Für die Austern:

12 Austern, 30 g Karotten, 30 g engl. Sellerie, 60 g Lauch, 100 g feinste Tafelbutter

Vorbereiten

Kabeljau: Eine feuerfeste Form mit 30 g Butter ausstreichen und mit der gehackten Schalotte und wenig Salz und Pfeffer ausstreuen.
Die Kabeljaufilets salzen und pfeffern und mit Zitronensaft beträufeln. In die Form legen und mit Chablis oder Champagner untergießen.
Im vorgeheizten Ofen bei ca. 200° ohne zu kochen in ca. 12 Minuten »auf den Punkt« garziehen.
Austern: Austern öffnen und entbarten. Das Austernwasser auffangen und durch ein feines Sieb oder Tuch passieren. Bis zur Verwendung werden die Austern in das Austernwasser gelegt. Karotten und Sellerie schälen und waschen. Lauch putzen und waschen. Anschließend alle Gemüse in zündholzlange und -breite Streifen schneiden. In einer Kasserolle 20 g Butter zerlaufen lassen und die Gemüsestreifen darin einige Minuten anschwitzen, ohne daß sie Farbe annehmen.

Zubereiten

Die inzwischen gegarten Kabeljaufilets aus der Form nehmen. Den gewonnenen Fischsud sowie die Austern und das Au-

sternwasser zu den Gemüsestreifen geben und die Austern in ca. 1 Minute »steif« ziehen lassen, ohne daß der heiße Sud kocht.
Austern und Gemüse aus dem Sud herausnehmen und abtropfen lassen.
Sauce: Den Fisch-Austern-Sud in eine Kasserolle schütten und zur Hälfte einkochen. Von der Kochstelle nehmen und die restliche eiskalte Butter einschwenken. Austern und Gemüsestreifen beigeben. Die Kabeljaufilets mit dem heißen Austernragout übergießen.

Goujonettes de bar au safran

Wolfsbarsch in leichter Safransauce

Rezeptur für 2 Personen

350 g frisches Barschfilet, Saft einer halben Zitrone, 1–2 vollreife Tomaten, 1 kleine Gartengurke, 1 Zweig frischer Estragon, 50 g Butter, 10 Safranfäden, 1 Schalotte, 2 cl trockener Weißwein, 4 cl Fischsud (siehe Grundrezept Seite 65) oder Wasser, Salz, weißer Pfeffer aus der Mühle, 1 dl Sahne, einige Tropfen Pernod

Gerät:

1 feuerfeste Form, 1 Kupfertopf

Vorbereiten

Barschfilet in fingerdicke Streifen schneiden und mit Zitronensaft beträufeln.
Tomaten waschen, den Strunk herausschneiden, in kochendem Salzwasser 3 Sekunden überbrühen und sofort in Eiswasser abschrecken. Die Haut abziehen. Anschließend vierteln, entkernen und in ca. 1/2 cm große Würfel schneiden.
Gurke schälen und mit Hilfe eines Ausstechers kleine Kugeln formen. (Ist kein Ausstecher vorhanden, die Gurke ebenfalls in

½ cm große Würfel schneiden.) Einmal in Salzwasser aufkochen und sofort unter fließendem kalten Wasser abkühlen. Estragon waschen und zupfen.

Zubereiten

In einer feuerfesten Form 30 g Butter zerlaufen lassen, ohne daß sie Farbe annimmt, Safranfäden und die Schalottenwürfel hinzufügen, mit Weißwein ablöschen und mit Fischsud oder Wasser auffüllen.
Die Barschstreifen hineinlegen, mit Salz und Pfeffer bestreuen und ohne zu kochen in ca. 5 Minuten garziehen lassen (sie sollen noch Biß haben!).
Den gewonnenen Fischsud abgießen und in einem Kupfertopf fast ganz einkochen lassen. Mit Sahne auffüllen und zu einer sämigen Sauce kochen.
Tomaten- und Gurkenwürfel sowie den Estragon hinzufügen, die restliche Butter einschwenken und mit einigen Tropfen Pernod würzen.

Anrichten

Die heiße Sauce über die Barschstreifen gießen und noch einmal ohne zu kochen heißschwenken. Dann auf zwei vorgewärmten Tellern verteilen und sofort servieren.

Sole et saumon aux asperges

Seezungen- und Lachsstreifen mit grünen Spargelspitzen

Rezeptur für 1 Person

80 g Seezungenfilet, 80 g Lachsfilet, 1 Bund grüner Spargel (ergibt ca. 50 g Spargelspitzen), Salz, 1 Schalotte, 4 cl Fischsud von den Seezungengräten (siehe Grundrezept Seite 65), etwas Butter zum Ausstreichen der Form, weißer Pfeffer aus der Mühle, 2 cl Weißwein, 2 cl Crème fraîche, 20 g gesalzene Butter, Saft einer halben Zitrone

Vorbereiten

Seezungen- und Lachsfilets in fingerdicke Streifen schneiden. Spargelspitzen ca. 4 cm lang abschneiden und waschen. In starkem Salzwasser knackig kochen, in Eiswasser abschrecken und die Spargelspitzen abtropfen lassen.
Die Schalotte fein hacken.
Aus den Seezungengräten einen kurzen, kräftigen Sud ziehen.

Zubereiten

Eine feuerfeste Form mit Butter ausstreichen und mit Salz, Pfeffer und den Schalottenwürfeln ausstreuen. Seezungen- und Lachsstreifen hineingeben und mit Weißwein und Fischsud untergießen. Mit Pergamentpapier oder einem Deckel abdekken und im vorgeheizten Backofen bei ca. 220° in etwa 4 Minuten glasig ziehen. Anschließend die Fischstreifen vorsichtig herausnehmen und warm stellen.
Den gewonnenen Fischsud bis zur Dickflüssigkeit einkochen lassen, die Sahne hinzufügen und noch einmal aufkochen. Zuletzt die eiskalte Butter einschlagen und zu einer sämigen Sauce rühren.
Spargelspitzen und Fischstreifen in die Sauce geben, heißschwenken, mit Salz, Pfeffer und Zitronensaft abschmecken, sofort auf einem heißen Teller servieren.

Sole à la julienne de légumes

Seezunge in Champagnersauce und Gemüsestreifen

Rezeptur für 2 Personen

Für die Seezunge:

30 g Butter, 1 Schalotte, Salz, weißer Pfeffer aus der Mühle, 2 Seezungen à 350–400 g, 2 dl Champagner trocken (oder Weißwein)

Für die Gemüsestreifen:

2 junge Karotten, 200 g Champignons (mit geschlossenen Köpfen), 150 g Prinzeßbohnen, sehr fein, 1 Stange engl. Sellerie (nur die inneren, gelben Teile), einige Tropfen Zitronensaft, Salz

Für die Sauce:

2 dl Sahne, 100 g Butter, Saft einer halben Zitrone, Salz, Cayenne

einige Blätterteighalbmonde

Gerät:

1 feuerfeste Platte, Pergamentpapier

Vorbereiten

Seezunge: Ofen auf 180–200° vorheizen. Eine feuerfeste Platte reichlich mit Butter ausstreichen. Die Schalotte hacken.
Gemüsestreifen: Karotten schälen. Champignons putzen und die Haut abziehen. Die ganz jungen und zarten Prinzeßbohnen putzen und der Länge nach halbieren. Anschließend Karotten, Sellerie und Champignons in zündholzlange und -breite Streifen schneiden. Champignons leicht mit Zitronensaft beträufeln.

Zubereiten

Gemüsestreifen: Karotten, Sellerie und Bohnen getrennt in starkem Salzwasser knackig kochen. Anschließend sofort in Eiswasser abkühlen und auf ein Tuch legen.
Seezunge: Die gebutterte feuerfeste Platte mit der gehackten Schalotte, Salz und Pfeffer bestreuen. Darauf die Seezungen legen und mit Champagner oder Weißwein untergießen. Unter den Schwanz eine rohe, geschälte Kartoffelscheibe legen, damit das Schwanzende nicht zu weich wird.
Mit Pergamentpapier bedecken. In ca. 15 Minuten »auf den Punkt« garziehen – nicht kochen!
Die Seezungen herausnehmen und die Filets von den Gräten abheben. Auf der gebutterten Platte wieder zur ursprünglichen Form zusammensetzen und warmstellen.
Champagnersauce: 2 dl des gewonnenen Fischsuds bis zur Dickflüssigkeit reduzieren, mit Sahne auffüllen und sämig einkochen. Von der Kochstelle nehmen und die Butter einschwenken. Gemüsestreifen und Champignons hinzufügen und die Champagnersauce kräftig mit Zitronensaft, Salz und Cayenne würzen.

Anrichten

Die heiße Sauce über die Seezungenfilets geben, mit einigen Blätterteighalbmonden umlegen und sofort servieren.

Witzigmann rät,

dieses einfach zuzubereitende Gericht einmal im Frühjahr zu versuchen, wenn es besonders zarte, frische Gemüse gibt.

Filets de soles au beurre de tomates parfumé à l'estragon

Seezungenfilets auf Tomaten-Buttersauce mit frischem Estragon

Rezeptur für 4 Personen

2 Seezungen (ca. 800 g), 20 g Butter, 1 kleine Schalotte, Salz, weißer Pfeffer aus der Mühle, 4 cl Noilly Prat, 1/2 Zitrone

Für den Fischsud:

20 g Butter, 1 kleine Schalotte, 1–2 Champignons, etwas engl. Sellerie (ca. 30 g), 1 kleiner Thymianzweig, 1 Stückchen Lorbeerblatt, einige Petersilienstengel, 500 g Seezungengräten, 1 l Wasser, Salz, 5 Pfefferkörner

Für die Sauce:

8 vollreife mittelgroße Tomaten, 1 Schalotte, 100 g Butter, 1 Prise Zucker, 25 frische Estragonblätter, Salz, weißer Pfeffer aus der Mühle

Gerät:

1 feuerfeste ovale Platte (ca. 40 × 20 cm)

Vorbereiten

Seezungen: Beidseitig die Haut der Seezungen abziehen und die Filets abheben.
Fischsud: Ein nußgroßes Stück Butter zerlaufen lassen, darin die feingehackte Schalotte und das kleingeschnittene Gemüse sowie die Aromaten anschwitzen, ohne daß sie Farbe annehmen. Die zerkleinerten Seezungengräten dazugeben; 5–10 Minuten zugedeckt dünsten lassen. Dann wird mit dem Wasser aufgefüllt, und der Sud muß weitere 15 Minuten kochen. Salz und zerdrückte Pfefferkörner dazugeben und das Ganze durch ein Spitzsieb gießen; mit der Kelle kräftig andrücken.
Sauce: Die Tomaten nach kurzem Aufwallen in kochendem Wasser abziehen, entkernen und in kleine Würfel schneiden, die Schalotte feinhacken.

Zubereiten

Seezungen-Filets: Die feuerfeste Platte mit Butter ausstreichen, mit der feingehackten Schalotte bestreuen, Salz und Pfeffer aus der Mühle darübergeben. Nun mit dem Noilly Prat und dem Fischsud untergießen, bevor die mit Zitronensaft beträufelten Seezungenfilets daraufgelegt werden. Nochmals vorsichtig salzen und pfeffern. Mit einem gebutterten Papier abdecken und bei schwacher Hitze (180°) ca. 8 Minuten garen.
Sauce: Tomatenstücke zusammen mit der kurz in Butter geschwenkten feingehackten Schalotte dünsten (ohne Flüssigkeit zuzusetzen). Im Mixer pürieren oder durch ein Haarsieb streichen und die beim Garen der Seezunge gewonnene Flüssigkeit dazugeben; unter Erhitzen die kalte Butter einschlagen. Etwas Zucker dazugeben. Den frischen Estragon in die Sauce zupfen. Mit Salz, Pfeffer aus der Mühle und einigen Spritzern Noilly Prat abschmecken.

Anrichten

Die heiße Tomaten-Buttersauce wird in die vorgewärmten Teller gegossen; in der Mitte finden die Seezungenfilets Platz. (Foto Seite 89)

Suprême de saumon sur lit de poireaux et truffes

Lachsschnitte auf Lauch und Trüffeln

Rezeptur für 4 Personen

200 g Lachsfilet pro Person, 100 g Butter, 1 Schalotte, Salz, weißer Pfeffer aus der Mühle, 4 cl trockener Weißwein, 4 cl Fischsud (s. Grundrezept S. 65)

Für die Sauce:

2 dl Fischsud, 1 dl Noilly Prat, 1 dl trockener Weißwein, 1 1/2 dl Crème fraîche, 1 EL Joghurt, 100 g Butter, 1 cl Trüffelsaft, Salz, weißer Pfeffer aus der Mühle

Für die Garnitur:

100 g Lauchstreifen, 50 g Trüffeln

Vorbereiten

Der filierte Lachs wird entgrätet und in 4 Portionen geschnitten. Die feuerfeste Platte mit Butter ausstreichen, mit den feingehackten Schalotten bestreuen und darauf die Lachsstücke setzen, nachdem sie vorher auf beiden Seiten mit Salz und Pfeffer gewürzt wurden; mit Weißwein und Fischsud untergießen.

Sauce: Der Fischsud, Weißwein und Noilly Prat werden bis zur Dickflüssigkeit eingekocht, dann wird die Sahne daruntergerührt und das Ganze nur noch erhitzt. In den Mixer geben und mit Joghurt, kalten Butterstücken und Trüffelsaft zu einer sämigen Sauce mixen.

Garnitur: Den gewaschenen Lauch in zündholzlange und -breite Streifen schneiden und in Salzwasser ganz kurz aufkochen. In Eiswasser abschrecken und abschütten. Trüffeln in Streifen schneiden.

Pouilly Fumé 1975, Loire,
Meursault Charme 1975, Bourgogne oder
Chablis Grand Cru Voudésier 1973

Filets de soles au beurre
de tomates parfumé
à l'estragon

Suprême de saumon sur lit
de poireaux et truffes

Zubereiten

Der Lachs wird langsam im vorgeheizten Ofen bei 220° rosarot gegart.
Sauce: Mit einem Schneebesen die gemixte Sauce heißschlagen. Lauch und die in Streifen geschnittenen Trüffeln hineingeben und den gewonnenen Fischsud durch ein Spitzsieb hineinpassieren. Vorsichtig umrühren und mit Salz und Pfeffer abschmecken.

Anrichten

Die sehr heiße Sauce auf die vorgewärmten Teller geben und jeweils eine Lachsschnitte darauflegen. (Foto Seite 89)

Escalope de saumon à la ciboulette

Lachsschnitte auf Schnittlauchsauce

Rezeptur für 4 Personen

Für die Lachsschnitten:

4 Scheiben Lachs à 140 g, Öl oder Butter zum Einfetten des Blechs, Salz, weißer Pfeffer aus der Mühle

Für die Schnittlauchsauce:

1 Schalotte, 1 Tomate, 25 g Schnittlauch, 60 g Butter, 1 dl Fischsud, 1 dl Chablis, 4 cl Noilly Prat, 1 dl Sahne

Vorbereiten

Lachs: Von der entgräteten Seite der Lachsscheiben werden ca. 1 1/2 cm dicke Scheiben von etwa 8 cm Länge und Breite abgeschnitten.
Schnittlauchsauce: Die Schalotte fein hacken. Tomate überbrühen, die Haut abziehen, entkernen und in Würfel schneiden.

Den Schnittlauch waschen und ebenfalls fein hacken.
In einem nußgroßen Stück Butter die gehackte Schalotte anschwitzen, ohne daß sie Farbe annimmt. Tomatenwürfel beigeben und trocken dünsten.
Den Fischsud zusammen mit Weißwein und Noilly Prat fast ganz einkochen lassen. Die Sahne hinzufügen und noch einmal erhitzen. Anschließend in den Mixer geben, die Tomaten-Zwiebel-Masse sowie die restliche, in kleine Stücke geschnittene Butter beigeben und mixen. Beiseite stellen.

Zubereiten

Lachs: Ein Blech leicht mit Öl oder Butter bestreichen, mit Salz und Pfeffer bestreuen. Die Lachsschnitten daraufsetzen, ebenfalls mit Salz und weißem Pfeffer aus der Mühle bestreuen und pro Seite 2 Minuten in den Backofen (starke Oberhitze) schieben.
Sauce: Die Sauce noch einmal erhitzen und kurz vor dem Servieren die Schnittlauchröllchen unterrühren.

Anrichten

Die Schnittlauchsauce auf vier heiße Teller verteilen und die Lachsschnitten daraufsetzen. (Foto Seite 290)

Tanche gratinée à l'aneth

Schleie überbacken in Dillsauce

Rezeptur für 1 Person

1 Schleie à 250 g, 50 g Butter, 5 g gehackte Schalotte, Salz, weißer Pfeffer aus der Mühle, 20 g frischgeriebenes Weißbrot ohne Rinde, 1 dl Riesling, 2 EL Wasser, 1 TL Zitronensaft

Für die Sauce:

1 dl Riesling, 1/2 dl dickflüssige Sahne, Salz, weißer Pfeffer, etwas frischer, gehackter Dill, 10 g Räucherlachswürfel, 3–4 Tropfen Pernod

Vorbereiten

Schleie von oben ausnehmen, das heißt, am Rücken entlang aufschneiden, am Kopf und am Schwanzende das Rückgrat durchtrennen und sämtliche Gräten und Innereien entfernen. Unter fließendem Wasser reinigen und danach abtrocknen. Die feuerfeste Form mit Butter gut ausstreichen und mit Schalottenwürfeln, Salz und Pfeffer ausstreuen.

Zubereiten

Schleie: Die Schleie flach auseinanderklappen und in die vorbereitete Form legen. Leicht mit Salz und Pfeffer würzen und mit Weißbrotkrumen bestreuen. Obenauf Butterflöckchen setzen. Mit Weißwein, Wasser und Zitronensaft untergießen und im vorgeheizten Ofen bei starker Oberhitze (250°) etwa 8–10 Minuten garen. Die Weißbrotkrumen sollen sich braun färben.
Sauce: Weißwein und den beim Garen der Schleie gewonnenen Fischsud fast gänzlich einkochen, die Sahne hinzufügen und das Ganze zu einer sämigen Sauce kochen. Mit Salz und Pfeffer abschmecken und im letzten Moment den gehackten Dill, Räucherlachs und den Pernod unterrühren – nicht mehr kochen lassen.

Anrichten

Die Schleie auf einen vorgewärmten Teller setzen und mit der heißen Sauce umgießen.

Emincé de filet de truite aux écrevisses Moscovite

Forellenfilets mit Krebsen in Kaviarsauce

Rezeptur für 4 Personen

Für die Forellen:

800 g Bach- oder Lachsforelle, 1 Schalotte, 1 Champignon, 2 Petersilienstengel, 10 g engl. Sellerie, 20 g Butter, 1 dl Wasser, 1 dl Champagner, Salz, weißer Pfeffer aus der Mühle, Zitronensaft (einige Tropfen)

Für die Krebse:

24 Krebse, Salz, weißer Pfeffer aus der Mühle, 1 Bund Dill, Cayenne

Für die Kaviarsauce:

50 g Butter, 1 EL geschlagene Sahne, 50 g Malossol-Beluga-Kaviar

Vorbereiten

Forellen: Die frisch geschlachteten Forellen ausnehmen und mindestens eine Stunde lang auf Eis legen. Anschließend werden die Filets mit einem dünnen, scharfen Filetiermesser an der Rückengräte entlang vom Kopf zum Schwanz hin abgehoben.
Schalotte, Champignon, Petersilie und engl. Sellerie putzen und in kleine Würfel schneiden. Ein nußgroßes Stück Butter erhitzen und darin die Gemüsewürfel anschwitzen, ohne daß

sie Farbe annehmen. Die Forellengräten hinzufügen, mit Wasser und Champagner auffüllen und das Ganze 20 Minuten ziehen lassen. Anschließend durch ein feines Sieb passieren.
Krebse: Die Krebse waschen und bürsten. Anschließend in kochendem, mit Salz, Pfeffer und Cayenne versetzten Dillwasser 4 Minuten lang kochen. Danach auskühlen lassen und ausbrechen.

Zubereiten

Forellen: Die Forellenfilets in 4 cm lange Stücke schneiden. Eine flache, feuerfeste Form mit Butter bestreichen, mit ganz wenig Salz, Pfeffer und Zitronensaft ausstreuen bzw. beträufeln und darauf die Forellenstücke legen. Mit dem Forellensud untergießen und im auf 200° vorgeheizten Backofen auf jeder Seite 1 Minute garziehen. Auf tiefen Tellern warmstellen.
Kaviarsauce: Den Forellensud auf großer Flamme schnell dickflüssig einkochen, die eiskalten Butterstücke einschwenken, die Krebse hineingeben und heißschwenken. Im letzten Augenblick die geschlagene Sahne und den Kaviar beigeben. (Nun unter keinen Umständen mehr kochen lassen.)

Anrichten

Die Forellenfilets werden mit der heißen Kaviarsauce übergossen und sofort serviert. (Foto Seite 292)

Mousse de truite au beurre rouge

Forellenmus auf roter Buttersauce

Rezeptur für 4 Personen

Für das Forellenmus:

1 Forelle, ca. 300 g (ergibt ca. 140 g Filet), Salz, Pfeffer aus der Mühle, Muskat, 1 Eiweiß, 15 cl dickflüssige Sahne, 1 EL frischer Estragon, Butter zum Ausbuttern der Formen

Für die Sauce:

20 g Grünes vom Lauch, etwas Salzwasser, 2 dl Volnay, 1 dl Noilly Prat, 10 g gehackte Schalotten, 60 g Butter, Salz, Pfeffer

Vorbereiten

Forellenmus: Die ausgenommene Forelle filetieren, entgräten und enthäuten; dann mit Salz, Pfeffer aus der Mühle und einem Hauch Muskat würzen.
Buttersauce: Die Lauchstreifen werden in Zündholzform geschnitten, in Salzwasser kurz aufgekocht und unter kaltem Wasser abgespült.

Zubereiten

Forellenmus: Die gewürzten Forellenfilets in den Mixer geben und etwa 2 Minuten lang kräftig pürieren. Zunächst das Eiweiß hinzufügen, dann löffelweise die Sahne und schließlich frisch gehackten Estragon daruntergeben. Das Püree wird in 4 ausgebutterte Formen gefüllt und soll im Wasserbad 25 Minuten lang (im vorgeheizten Ofen bei 190°) garziehen.
Buttersauce: Rotwein, Noilly Prat und gehackte Schalotten bis auf einen kleinen Rest einkochen lassen, bevor man nach und nach der Reduktion die Butterstückchen beifügt. Salz und Pfeffer und schließlich die kurz aufgekochten Lauchstreifen dazugeben.

Anrichten

Die heiße Sauce wird auf tiefen Tellern angerichtet, das Forellenmus aus den Förmchen daraufgestürzt und mit einem Blätterteighalbmond serviert.

Fricassée de silure à la purée de légumes

Frikassee vom Waller mit Gemüsepüree

Rezeptur für 4 Personen

600 g Wallerfleisch (netto), 4 mittelgroße mehlige Kartoffeln

Für den Gemüsesud:

60 g engl. Sellerie, 40 g junge Karotten, 1 Zwiebel, 1/4 l Weißwein, 3/4 l Wasser, 1 ungeschälte Knoblauchzehe, 1 Thymianzweig, 1 Lorbeerblattecke, 1 Gewürznelke, 1 Prise Salz

Für die Buttersauce:

2 Schalotten, 4 cl Weißwein, 4 cl Wasser, einige Tropfen Estragon-Essig, 100 g gesalzene Butter, Salz, Pfeffer aus der Mühle, 1 EL geriebener Meerrettich, 2 EL frisch gezupfter Dill

Vorbereiten

Gemüsesud: Sellerie, Karotten und die Zwiebel werden in Scheiben geschnitten. In einem großen Topf bringt man dann alle Zutaten für den Sud zum Kochen und läßt das Ganze bei verminderter Hitze halb zugedeckt ca. 30 Minuten ziehen. Danach entfernt man den Thymianzweig, das Lorbeerblatt, die Nelke und den Knoblauch und püriert das Gemüse mit der Flüssigkeit im Mixer.
Das Wallerfleisch wird in 4 cm große Stücke geschnitten. Die Schalotten für die Buttersauce werden ganz fein gehackt. Die Kartoffeln waschen, schälen und im Dampftopf weichdämpfen.

Zubereiten

In einem geeigneten Geschirr bringt man das pürierte Gemüse zum Aufkochen, würzt mit Salz und Pfeffer, legt die Wallerstücke ein und läßt sie 5 Minuten ziehen, bis sie glasig sind.
Buttersauce: Die Schalotten, den Weißwein, Wasser und Essig läßt man unter gelegentlichem Umrühren in einem Topf einkochen und schwenkt dann auf kleiner Flamme unter ständigem Rühren die eiskalte, in Stücke geschnittene Butter ein, bis sie ganz von der Flüssigkeit aufgenommen ist. Die Sauce mit Salz und Pfeffer aus der Mühle abschmecken.

Anrichten

Die Wallerstücke werden mit einer Schaumkelle aus der Brühe genommen, auf heiße tiefe Teller verteilt und warmgestellt. Dann vermengt man die Gemüsebrühe mit der Buttersauce, gibt den geriebenen Meerrettich und gezupften Dill bei, erhitzt die Sauce nochmals, ohne sie zu kochen und gießt sie dann brennend heiß über die Wallerstücke.
Zum Schluß gibt man die Kartoffeln in eine Presse und drückt sie über den Tellern aus. Sofort servieren.

Filet de colin fourré braisé en laitue

Seehechtfilet mit Langustinenmus gefüllt, im Kopfsalat gedünstet

Rezeptur für 2 Personen

Für den Seehecht:

2 Seehechtfilets à 180 g, Salz, weißer Pfeffer aus der Mühle, 1 Schalotte, 100 g Butter, 1/2 dl Weißwein, 1/2 dl Fischsud (siehe Grundrezept Seite 65)

Für das Langustinenmus:

100 g frische Langustinenschwänze, Salz, weißer Pfeffer aus der Mühle, Muskat, 1 Eiweiß, 1 dl Crème double, 12 große grüne Salatblätter

Gerät:

1 ovale gußeiserne Form, 28 cm lang, 11 cm breit

Vorbereiten

Seehecht: Die Seehechtfilets waagerecht halbieren und leicht mit Salz und Pfeffer würzen. Die Schalotte fein hacken.
Langustinenmus: Die Langustinenschwänze ausbrechen und leicht mit Salz, Pfeffer und Muskat bestreuen. Im Mixer zusammen mit dem Eiweiß sehr fein pürieren. Anschließend die eiskalte Sahne nach und nach im Mixer untermengen. In einer Schüssel auf Eis kalt stellen.
Die Salatblätter waschen, drei Sekunden in kochendes Salzwasser tauchen und anschließend in Eiswasser abschrecken. Die Salatblätter einzeln auf einem geölten Papier oder auf einem Blech ausbreiten.

Zubereiten

Auf je eine Seehechtfilet-Hälfte ca. 1 1/2 cm dick Langustinenmus streichen. Die zweite Hälfte darüberklappen.

Salatblätter auf der Tischplatte ausbreiten, die Strünke herausschneiden und die gefüllten Fischfilets damit einwickeln.
Eine gußeiserne Form mit Butter ausstreichen und mit der gehackten Schalotte, Salz und Pfeffer ausstreuen. Weißwein und Fischsud hinzufügen und die eingewickelten Seehechtfilets daraufsetzen. Im vorgeheizten Backofen bei 200° ca. 15 Minuten dünsten (etwas größere Oberhitze einstellen, damit sich die Salatblätter leicht bräunen).
Sauce: Für die Sauce den beim Garen des Seehechts entstandenen Sud abschütten, in eine kleine Sauteuse geben und leicht dickflüssig einkochen. Zuletzt die eiskalte Butter in die Reduktion geben. Die Sauce soll nicht zu dünnflüssig sein.

Anrichten

Die gut abgetropften Seehechtfilets auf vorgewärmte Teller setzen und mit der Sauce übergießen.

Witzigmann rät

Sollten die Langustinen Eier haben, so werden diese natürlich nicht weggeworfen, sondern mit einem Löffel herausgekratzt und in leichtem Salzwasser aufgekocht. Sie eignen sich vorzüglich als Garnitur für die Sauce.

Pörkölt de carpe aux piments doux

Pörkölt vom Karpfen in saurer Sahne mit frischem Paprika

Rezeptur für 2–4 Personen

1 Karpfen, ca. 1,2 kg (ergibt ca. 600 g Filets), 1 Schalotte, 20 g Butter, 1 TL Paprikapulver (edelsüß), 1 dl trockener Weißwein, Salz, weißer Pfeffer aus der Mühle

Für die Garnitur:

1 Gartengurke, 2 Paprika (rot und grün), 30 g gekochter Schinken, 10 g Dill

2 dl saure Sahne (selbst angesetzt)

Gerät:

1 feuerfeste Form

Vorbereiten

Den frischen Karpfen ausnehmen, gründlich waschen und einige Stunden in kaltes Salzwasser legen. Abtrocknen und vom Kopf aus am Rückgrat entlang bis zum Schwanz aufschneiden, beidseitig die Filets abheben und enthäuten. Die Filets der Länge nach halbieren und dann in ca. 60 g schwere Stücke schneiden.
Die Schalotte schälen und hacken.
Garnitur: Die Gartengurke schälen, in 3 cm dicke Scheiben schneiden, die wiederum in 6 Stifte geteilt und abgerundet werden. In Salzwasser knackig kochen und rasch abkühlen lassen.
Die Paprika waschen und halbieren, Kerne und Stiele entfernen. Im heißen Ofen die Haut schwarz werden lassen, dann abziehen und in 1 cm große Rhomben schneiden.

Zubereiten

In einem feuerfesten Geschirr etwas Butter erhitzen, die gehackte Schalotte und das Paprikapulver beigeben, mit dem Weißwein ablöschen und zur Hälfte einkochen lassen.
Darauf die mit Salz und Pfeffer aus der Mühle bestreuten Karpfenstücke verteilen und sie langsam halbroh steifziehen (ca. 5 Minuten). Die Karpfenstücke dann in tiefe Teller legen und warm stellen.
Sauce: Den gewonnenen Fischsud bis zur Dickflüssigkeit einkochen, mit der sauren Sahne auffüllen und zu einer leicht sämigen Sauce heißrühren. Die Gurkenstücke, roten und grünen Paprika, gewürfelten Schinken und gezupften Dill hinzufügen und heiß über die Karpfenstücke gießen. (Foto Seite 296)

La matelote d'anguille Emeraude

Aal in Kresse und feiner Kräutersauce

Rezeptur für 4 Personen

1 kg lebender Aal, Salz, weißer Pfeffer aus der Mühle, 2 Knoblauchzehen, 2 Schalotten, 1 Kästchen Brunnenkresse, ca. 250 g, 5 g Kerbel, 15 g Sauerampfer, 5 g Estragon, 5 frische Minzeblätter, 2 frische Salbeiblätter, 1 EL Butter, 1 Thymianzweig, 1 Lorbeerblatt, 1/2 l trockener Weißwein, 175 g Joghurt, 3 Eigelb, 1 dl Crème double

Vorbereiten

Dem frisch getöteten Aal die Haut abziehen. Das Fleisch in 4–5 cm lange Stücke schneiden, salzen und pfeffern. Den Knoblauch und die Schalotten hacken.

Brunnenkresse, Kerbel, Sauerampfer, Estragon, Minze- und Salbeiblätter waschen und hacken. 100 g Brunnenkresse und je 10 g Kerbel, Sauerampfer und Estragon beiseite legen.
In einer Pfanne mit dickem Boden die Butter aufschäumen lassen, die Aalstücke hineingeben und langsam anziehen lassen. Mit Knoblauch- und Schalottenwürfeln bestreuen und einige Male umrühren. Die frischen Kräuter, den Thymianzweig und das Lorbeerblatt hinzufügen und mit Weißwein auffüllen. Zum Kochen bringen und 25 Minuten ziehen lassen.

Zubereiten

Die Aalstücke aus dem Topf nehmen und zugedeckt warm stellen. Thymian und Lorbeerblatt ebenfalls herausnehmen.
Nun die Flüssigkeit bis auf ein Viertel einkochen, in den Mixer schütten, die beiseite gelegten Kräuter und Joghurt hinzufügen und pürieren. In den Topf zurückgießen.
Das Eigelb mit der Sahne verschlagen und die Sauce damit abziehen, nicht kochen lassen. Die Aalstücke beigeben und in der Kräutersauce noch einmal erhitzen, bevor sie sehr heiß serviert werden.

Anrichten

Aal in Kräutersauce schmeckt besonders gut zu frischen heißen Dampfkartoffeln.

LES COQUILLAGES, CRUSTACÉS ET ESCARGOTS

Schalen- und Krustentiere

Unerschöpflich sind die Variationsmöglichkeiten,
wenn die edelsten Früchte des Meeres
zum Genuß für Gaumen und Augen zubereitet
und dabei gelegentlich zu,
allerdings eßbaren, Bildern ihrer selbst
stilisiert werden.

Tourteau à l'Imperial

Noix de coquilles St-Jacques vert pré

Frische Jakobsmuscheln in Kräutersauce

Rezeptur für 1 Person

1 kg frische Jakobsmuscheln in der Schale oder
120 g ausgelöste Muscheln, 5 cl Riesling, 5 cl Noilly Prat,
5 g Schalotten, 1 TL Zitronensaft, Salz und
weißer Pfeffer aus der Mühle, 20 g Butter

Für die Kräutersauce:

20 g frische Kräuter
(z. B. Spinat, Kerbel, Schnittlauch, Estragon, Petersilie),
2 EL Sahne

Vorbereiten

Jakobsmuscheln: Falls Jakobsmuscheln in der Schale verwendet werden, diese mit einem kurzen, sehr spitzen Messer öffnen und kurz in den heißen Backofen legen. Mit einem Suppenlöffel Muscheln und Rogen auslösen. Schmutz entfernen und unter fließendem Wasser gründlich den Sand abwaschen.
Kräutersauce: Die Kräuter waschen und in Salzwasser aufwallen lassen, auf ein Sieb gießen und abkühlen lassen.

Zubereiten

Jakobsmuscheln: Weißwein, Noilly Prat, gehackte Schalotten und Zitronensaft zur Hälfte einkochen, die Jakobsmuscheln (eventuell halbiert) hineingeben und mit Salz und Pfeffer aus der Mühle bestreuen. Sie sollen auf jeder Seite etwa 30 Sekunden ziehen. Dann werden sie herausgenommen und auf einem tiefen Teller warm gestellt.
Kräutersauce: Die abgekühlten und abgetropften Kräuter im Mixer pürieren; dabei die Sahne zugeben. Die Gar-Flüssigkeit der Jakobsmuscheln rasch mit Butterstücken binden und im letzten Augenblick das Kräuterpüree dazugeben; mit dem Schneebesen duftig schlagen.

Anrichten

Die in einem tiefen Teller warmgestellten Jakobsmuscheln mit der Kräutersauce übergießen und sofort servieren.

Les coquilles St-Jacques sautées aux girolles

Jakobsmuscheln mit frischen Pfifferlingen, in Butter gebraten

Rezeptur für 2 Personen

Für die Jakobsmuscheln:

220 g frische Jakobsmuscheln netto (= ca. 2 kg brutto), Salz, weißer Pfeffer aus der Mühle, etwas Mehl zum Wenden, 20 g Butter, 1 EL frischer Estragon, 2 EL Weißwein

Für die Pfifferlinge:

200 g frische Pfifferlinge, 20 g Butter, Salz, weißer Pfeffer aus der Mühle, 2 Schalotten, 1 EL Petersilie

Vorbereiten

Jakobsmuscheln: Die Muscheln mit Hilfe eines starken Messers öffnen und einige Minuten in den heißen Backofen stellen, damit sie sich völlig öffnen. Anschließend das Muschelfleisch vorsichtig mit dem Messer von der flachen Schale trennen, das Fleisch von der runden Schale mit einem Suppenlöffel lösen. Die große Nuß und den roten Halbmond behutsam von den anderen Teilen lösen und gründlich waschen. Zum Trocknen auf ein Tuch legen. Die großen Stücke der Jakobsmuscheln eventuell halbieren.
Estragon grob hacken.
Pfifferlinge: Die Pfifferlinge gründlich putzen - wenn möglich aber nicht waschen.
Die Schalotten sehr fein, die Petersilie grob hacken.

Zubereiten

Pfifferlinge: In einer kleinen Sauteuse 20 g Butter aufschäumen lassen, die Pfifferlinge hineingeben und leicht mit Salz und Pfeffer bestreuen. Langsam gardünsten, die Flüssigkeit soll dabei fast ganz verdunsten. Kurz vor dem Servieren werden die gehackten Schalotten und die Petersilie beigegeben.
Jakobsmuscheln: Die Muscheln leicht mit Salz und Pfeffer bestreuen, in Mehl wenden und gut abklopfen. In heißer Butter hellbraun braten.

Anrichten

Die Pfifferlinge werden auf einen tiefen Teller gegeben, die Muscheln darauf angeordnet. Bratfett abschütten, Estragon und Weißwein fast völlig einkochen lassen. Die Muscheln mit diesem Fond beträufeln. (Foto Seite 111)

Noix de coquilles St-Jacques sur lit de chicorée

Jakobsmuscheln auf Chicorée und Sabayon

Rezeptur für 2 Personen

Für die Jakobsmuscheln:

8 große Jakobsmuscheln (ca. 120 g pro Person), 30 g Butter, 1 kleine Schalotte, 1/2 dl Fischfond (siehe Grundrezept Seite 65), 1/2 dl Sauternes, 1/2 dl Noilly Prat, Salz, weißer Pfeffer aus der Mühle

Für die Chicorée:

2 weiße, fest geschlossene Chicorée à ca. 250 g, 1 kleine Karotte, 50 g Butter, 1 kleine Zwiebel, 3 Wacholderbeeren, 1 dl kräftige Geflügelbrühe (siehe Grundrezept Seite 279), Salz, weißer Pfeffer aus der Mühle, einige Tropfen Zitronensaft, etwas Mehl, 2 EL Olivenöl

Für die Sauce:

2 Tomaten, 2 EL Olivenöl, 30 g Champignons, 100 g Butter, 1/2 Zitrone, 1 TL Kerbel, 1 TL Estragon, 2 Eigelb, 1/2 dl Crème double

Vorbereiten

Jakobsmuscheln: Die Muscheln mit Hilfe eines starken Messers öffnen und einige Minuten in den heißen Backofen stellen, damit sie weiter aufgehen. Anschließend das Muschelfleisch vorsichtig mit dem Messer von der flachen Schale trennen, das Fleisch von der runden Schale mit einem Löffel lösen. Die große Nuß und den roten Halbmond behutsam von den anderen Teilen lösen und gründlich waschen. Zum Trocknen auf ein Tuch legen.
Chicorée: Die Stiele der Chicorée rundherum abschaben, 1/2 cm tief einschneiden und waschen. Die Karotte putzen und in Scheiben schneiden. In einem Topf 30 g Butter zum Aufschäumen bringen, Karottenscheiben, Zwiebelwürfel und Wacholderbeeren hinzufügen und zwei Minuten anschwitzen, ohne daß die Gemüse Farbe annehmen. Anschließend die Chicoréee hineinsetzen und mit Geflügelbrühe auffüllen. Mit Salz und Pfeffer bestreuen und mit einigen Tropfen Zitronensaft beträufeln. Mit Pergamentpapier abdecken, den Deckel daraufsetzen und 1 Stunde im Backofen bei 220° weichdünsten. Danach die Chicorée auf ein Gitter legen.
Sauce: Tomaten in kochendes Wasser tauchen und sofort in Eiswasser abschrecken. Die Haut abziehen, entkernen und in kleine Würfel schneiden. Rasch in wenig Olivenöl dünsten. Champignons waschen, hacken und in 20 g Butter und Zitronensaft dünsten. Kerbel waschen und zupfen. Estragon waschen und mit der Schere schneiden.

Zubereiten

Jakobsmuscheln: 30 g Butter in einem Brattopf zerlaufen lassen, die gehackte Schalotte hineingeben und anschwitzen, ohne daß sie Farbe annimmt. Fischfond, Sauternes und Noilly Prat hinzufügen und einmal aufkochen lassen. Die halbierten Ja-

kobsmuscheln in diesen Sud geben, wenig salzen und pfeffern und auf jeder Seite ca. 3 Minuten halbgar ziehen lassen.
Chicorée: Die restliche Flüssigkeit vorsichtig aus den Chocorée pressen und die Stangen halbieren; von den Spitzen ca. 1 cm abschneiden. Nochmals salzen, pfeffern, in Mehl wälzen und gut abklopfen. In heißem Olivenöl und 20 g Butter auf beiden Seiten je 4 Minuten goldgelb braten. Anschließend kurz auf Saugpapier legen. Je zwei Chicoréehälften auf vorgewärmte Teller setzen und warm stellen.
Sauce: Den Muschelsud einkochen. Etwas abkühlen lassen, Eigelb hinzufügen und das Ganze im Wasserbad oder neben der Herdplatte aufschlagen. Dann nach und nach Sahne und die restliche Butter unterziehen.
Tomaten, Champignons, Kerbel und Estragon dazugeben. Zuletzt die Jakobsmuscheln hineinlegen. Noch einmal erhitzen, aber nicht mehr kochen lassen, und abschmecken.

Anrichten

Je 4 Jakobsmuscheln auf die Chicoréehälften setzen und alles mit der heißen Sauce übergießen. Die Jakobsmuscheln sofort servieren.

Moules au curry

Muscheln mit Curry-Sabayon

Rezeptur für 4 Personen

2 kg Muscheln (bouchotes), 1 Zwiebel, 1/2 l Muskadet,
1 kleiner Thymianzweig, 1 kleines Stück Lorbeerblatt,
1 EL Petersilie und Estragon, 1 Messerspitze Knoblauch,
10 g Butter, 2 dl Sahne, 1 TL Currypulver,
einige Tropfen Fleur d'orange, 1 Thymiannadel

Vorbereiten

Die Muscheln sauber abkratzen, bürsten und gründlich waschen. In einem Topf mit kochendem Salzwasser zusammen mit der gehackten Zwiebel, Weißwein, Thymian und dem Lorbeerblatt kochen lassen, bis sich die Muscheln öffnen (nicht zu lange kochen lassen!).
Anschließend werden die Muscheln aus dem Sud genommen, von den Schalen gelöst und - je nach Wunsch - entbartet. Auf vorgewärmte tiefe Teller oder Schüsseln verteilen und warmstellen.
Petersilie und Estragon waschen und grob hacken.

Zubereiten

Ein winziges Stückchen Knoblauch mit der Butter zerreiben und zusammen mit Sahne und Currypulver zum Kochen bringen, dickflüssig einkochen.
Den Muschelsud durch ein Tuch passieren und die Hälfte davon zur Sauce geben. Wiederum zu einer sämigen Sauce einkochen, einige Tropfen Orangenwasser, feingehackte Thymiannadel, Petersilie und Estragon beigeben.

Anrichten

Die brennendheiße Sauce über die Muscheln verteilen und sofort servieren. (Foto Seite 111)

Flan de brocoli aux clovisses

Broccoli-Flan mit einem Ragout von Teppich- oder Venusmuscheln

Rezeptur für 4 Personen

Für den Broccoli-Flan:

380 g Broccoli, 1 Ei, 4 cl Sahne, Salz, weißer Pfeffer aus der Mühle, Muskat, 10 g Butter (zum Ausbuttern der Förmchen)

Für das Muschelragout:

1 kg Venusmuscheln, 30 g engl. Sellerie, 1 Schalotte, 4 cl Weißwein, 4 cl Wasser, 90 g feine Butter, 2 EL Sahne

Vorbereiten

Muscheln: Muscheln sauber bürsten und gründlich waschen. Das Weiße vom Sellerie und die Schalotte in winzig kleine Würfel schneiden. Zusammen mit Weißwein, Wasser und einem nußgroßen Stück Butter aufkochen lassen, die Muscheln hineingeben und zum Öffnen kurz aufkochen.
Anschließend werden die Muschelschalen entfernt. Den gewonnenen Muschelsud durch ein Tuch passieren und über das Muschelfleisch gießen.
Broccoli: Der Broccoli wird im Dämpfer gargekocht. Man kann auch die Strünke mit verwenden, nur muß dann die Kochzeit etwas verlängert werden.

Zubereiten

Broccoli-Flan: Den Broccoli zusammen mit dem Ei und der Sahne im Mixer pürieren, mit Salz, Pfeffer und Muskat abschmecken.
Die Masse in vier ausgebutterte Auflaufförmchen füllen und im Wasserbad etwa 1 Stunde lang bei 180° garziehen lassen.
Muschelragout: 2 Eßlöffel des Muschelsuds zusammen mit der Sahne aufkochen und nach und nach die kalten Butterstücke

1. *Moules au curry*

2. *Les huîtres au gratin*
dazu: Champagner Pol Roger 1971

3. *Les coquilles St.-Jacques sautées aux girolles*
dazu: Taittinger Comtes de Champagne 1969

1

2

3

(80 g) einschwenken. Die Muscheln (ohne Sud) hineingeben und erhitzen, aber nicht mehr kochen lassen.

Anrichten

Die Broccoli-Flans werden auf einen tiefen heißen Teller gestürzt und mit dem Muschelragout übergossen. Anschließend sofort servieren. (Foto Seite 294)

Witzigmann rät,

Broccoli-Flan auch einmal mit einer Vinaigrette aus Nußöl und Xérès-Essig zu servieren.

Gratin de homard sur lit d'épinards

Hummerscheiben auf Blattspinat überbacken

Rezeptur für 2 Personen

Für den Hummer:

1 Hummer à 500 g, 1 kleine Zwiebel, 2 kleine Tomaten, 2 Champignons, 2 EL Olivenöl, 20 g Butter, 1 EL Karottenwürfel, 1 EL Selleriewürfel (von engl. Sellerie), 1 EL Lauchwürfel, 1 Messerspitze Knoblauch, 1 kleiner Thymianzweig, 1 Lorbeerblatt, 2 cl Cognac, 2 cl Porto weiß, 2 cl trockener Weißwein, 4 dl Sahne

Für den Blattspinat:

250 g junger Blattspinat, 30 g Butter, Salz, weißer Pfeffer aus der Mühle, 1 Knoblauchzehe

Für die Sauce:

1 Eigelb, 2 cl Madeira, 2 cl Wasser, Cayennepfeffer, Salz

Vorbereiten

Hummer: Den Hummer zum Töten für 2 Minuten in kochendes Wasser werfen. Wieder herausnehmen. Den Körper halbieren, die Scheren abbrechen, den Schwanz herausziehen. Die Innereien ausnehmen (den Magen wegwerfen). Die restlichen Innereien durch ein Haarsieb streichen und beiseite legen.
Die Zwiebel schälen und fein hacken. Die Tomaten überbrühen, die Haut abziehen, entkernen und in kleine Würfel schneiden. Champignons putzen und in Streifen schneiden.
Spinat: Die groben Stiele entfernen und den Spinat mehrmals durchwaschen.

Zubereiten

Hummer: Das Olivenöl in einer Kasserolle mit dickem Boden erhitzen und die Hummerstücke darin rot anbraten. Das Öl abschütten, die Butter und sämtliche Gemüse (bis auf die Champignons) und Aromaten beigeben und das Ganze 5 Minuten anrösten. Mit Cognac, Porto und Weißwein ablöschen und völlig einkochen lassen. Mit Sahne auffüllen und einige Minuten kochen. Scheren und Schwanz herausnehmen und die Sauce sämig einkochen. Zuletzt die passierten Innereien einschlagen - nicht mehr kochen. Anschließend durch ein feines Haarsieb passieren.
Spinat: Die Butter leicht aufschäumen lassen, den Blattspinat zugeben, mit Salz und Pfeffer würzen und mit einer Gabel, auf die eine Knoblauchzehe gesteckt ist, umrühren, bis der Spinat sehr heiß ist.
Sauce: Eigelb, Madeira und Wasser im heißen Wasserbad oder über Dampf steifschlagen und unter die passierte Hummersauce ziehen. Nochmals mit Salz und etwas Cayennepfeffer abschmecken.

Anrichten

Das Hummerfleisch aus Schwanz und Scheren ausbrechen und in Scheiben schneiden. Den Blattspinat auf einem tiefen Teller verteilen, die Hummerscheiben darauflegen, mit den

Champignonstreifen bestreuen und mit der Sauce bedecken. Im vorgeheizten Backofen (250°) bei starker Oberhitze ca. 5 Minuten gratinieren. Anschließend sofort servieren. (Foto Seite 121)

Les huîtres au gratin

Austern mit Weißbrotkrümeln überbacken

Rezeptur für 2 Personen

*12 Austern (Belons), grobes Salz, 1 Schalotte, 1 EL Petersilie,
8 Scheiben Toastbrot ohne Rinde, weißer Pfeffer,
1 Prise frische Thymiannadeln, 60 g Butter*

Vorbereiten

Die Austern unter fließendem Wasser gut bürsten, mit einem Austernöffner aufmachen. Anschließend werden die Austern mit einem scharfen Messer von der Schale gelöst und in eine mit grobem Salz ausgestreute feuerfeste Form gesetzt.
Die Schalotte sehr fein hacken. Petersilie waschen und fein wiegen. Das Toastbrot durch ein grobes Sieb reiben.

Zubereiten

Nun werden die Austern mit etwas weißem Pfeffer aus der Mühle und Thymian, mit den Schalottenwürfeln sowie der Petersilie und zuletzt mit den Weißbrotkrümeln bestreut. Butterflöckchen darauf verteilen und im vorgeheizten Backofen (250°) bei starker Oberhitze knusprig braun überbacken (ca. 5 Minuten) und sofort servieren. (Foto Seite 111)

Tourteau à l'Impérial

Krabbe Imperial

Rezeptur für 2 Personen

1 Krabbe von 700–800 g, ergibt ca. 300 g reines Fleisch

Für die Garnitur:

100 g Champignons, Zitronensaft, 4 cl trockener Weißwein, 10 g Butter, Salz, Pfeffer

Für die Sauce:

Krabbenkarkasse, 100 g Butter, 20 g Zwiebeln, 10 g Schalotten, 1 Knoblauchzehe, 20 g Karotten, 20 g engl. Sellerie, 1 Thymianzweig, 1 kleine Lorbeerblattecke, 4 dl Cognac, 4 dl Porto, 1 dl Noilly Prat, 1 dl Weißwein, 1 dl Fischsud, (siehe Grundrezept Seite 65), 50 g Tomatenpüree, 50 g Fleischextrakt, 4 dl Sahne, Salz, Pfeffer, Cayenne

Für den Sabayon:

120 g rote Paprikaschote, 120 g grüne Paprikaschote, 1 Eigelb, 30 g franz. Butter, 2 cl Wasser, Salz, Cayenne, etwas Zitronensaft, 1 Estragonstengel, 1 EL geschlagene Sahne

Vorbereiten

Die gebürstete, gewaschene Krabbe wird in Salzwasser oder einem Wurzelsud ca. 10 Minuten gekocht. Nachdem sie in dem Sud ausgekühlt ist, wird sie aufgebrochen und das Fleisch und Rückenmark ausgelöst.
Garnitur: Die Champignons putzen, in 1/2 cm große Stücke schneiden, mit Zitronensaft beträufeln und dann mit Weißwein, Butter, Salz und Pfeffer 3 Minuten dünsten und danach zum Abtropfen auf ein Sieb schütten.
Die Paprikaschoten waschen und halbieren, Kerne und Stiele entfernen. Unter dem Salamander oder im heißen Ofen die

Haut schwarz werden lassen, dann abziehen und die Paprika in 1 cm große Rhomben schneiden.
Sauce: Die Krabbenkarkasse wird fein zerstoßen (in einem Mörser). Die Butter in einer Pfanne aufschäumen lassen, die zerkleinerten Karkassen beigeben und langsam anrösten. Dann kommen das geputzte und gewürfelte Gemüse und die Aromaten dazu, die ebenfalls einige Minuten angedünstet werden. Nun mit Cognac ablöschen; Porto, Noilly Prat, Weißwein, Fischsud, das Tomatenpüree und Fleischextrakt beigeben und alles langsam fast einkochen lassen. Mit Sahne auffüllen und die Sauce sämig einkochen, mit Salz, Pfeffer, Cayenne abschmecken und durch ein feines Sieb passieren.
Sabayon: Das Eigelb mit dem Wasser in einer kleinen Schüssel im heißen Wasserbad cremig rühren. Nun die Form aus dem Wasserbad nehmen, nach und nach die in Stücke geschnittene Butter einschwenken, mit Salz, Cayennepfeffer und Zitronensaft abschmecken und zum Schluß die Paprika-Rhomben, Estragon und die geschlagene Sahne darunterziehen.

Zubereiten

Den Salamander oder die Oberhitze des Backofens auf Höchststufe einschalten.
Die Sauce aufkochen, das Krabbenfleisch und die Champignonwürfel darin heiß werden lassen, jedoch nicht kochen. Nun kommt die Mischung in geeignete Förmchen oder kleine Krabbenschalen. Man bedeckt sie mit dem Sabayon und stellt sie kurz unter den Salamander oder in den Backofen. Anschließend sofort servieren. (Foto Seite 103)

Crépinettes de crabes aux pointes d'asperges vertes et truffes noires

Crépinettes von Krabben mit Spargelspitzen und Trüffelstreifen

Rezeptur für 4 Personen

200 g Krabbenfleisch, (2 Krabben à 700–800 g), Salz, Cayennepfeffer, 1 kleine Schalotte, 10 g Butter, 1 EL trockener Weißwein, 2 Toastbrotscheiben (ohne Rinde), 1/8 l Milch, 10 g Kerbel, 250 g Hechtmus (siehe Grundrezept Seite 288), 5 EL Öl

Für die Spargelbutter:

16 grüne Spargelspitzen, 250 g Spargelenden, 125 g Butter, 1 Trüffel à 35 g

Gerät:

1 Spritzsack

Vorbereiten

Die Krabben waschen und bürsten und in kochendem Salzwasser, dem ein wenig Cayenne beigegeben wird, 10 Minuten kochen lassen und dann zum Abkühlen beiseite stellen. Ausbrechen und den Corail aufheben.
Die Schalotte fein hacken und in Butter langsam weich dünsten, mit Weißwein ablöschen und einkochen.
Die Weißbrotscheiben in lauwarmer Milch einweichen und gut ausdrücken. Kerbel waschen und grob hacken.
In einer auf Eis gestellten Schüssel wird das Hechtmus mit Zwiebeln, Weißbrotmasse und Kerbel gut vermischt, zum Schluß werden das Krabbenfleisch und der Corail daruntergehoben.
Spargelbutter: Spargelspitzen abschneiden, die Enden schälen. Spargelenden im Dampftopf weichkochen und noch im Mixer zusammen mit der Butter pürieren; anschließend durch ein Haarsieb passieren.

Die Trüffel sauber bürsten, in feine Streifen schneiden und ebenso wie die knackig gekochten Spargelspitzen unter die Spargelbutter mengen.

Zubereiten

Ein gewässertes Schweinenetz auf dem mit Wasser angefeuchteten Tisch ausbreiten und in 20 × 10 cm große Quadrate schneiden. Auf jedes Quadrat mit Hilfe des Spritzsacks die Hechtmus-Krabben-Masse (jeweils 8 cm lang und fingerdick) spritzen, zweimal in das Netz einrollen und die Enden zusammendrehen. Das Öl wird auf kleiner Flamme erhitzt. Dann legt man die Crépinettes ein und brät sie hellbraun. Die Spargelbutter mit den Spargelspitzen und Trüffelstreifen wird erhitzt und über die Crépinettes gegossen. (Foto Seite 120)

Les écrevisses à l'aneth et concombres

Krebse in Dillsauce und Gartengurken

Rezeptur für 4 Personen

24 Krebse, 1 Schalotte, 1 Tomate, 1 EL engl. Sellerie, 1 Bund Dill, 2 EL Öl, 2 cl Cognac, 4 cl Riesling, 2 dl Geflügelbrühe, (siehe Grundrezept Seite 279) oder Fischbrühe (siehe Grundrezept Seite 65), 3 dl Sahne, 50 g Butter, 1/2 Zitrone, Salz, Cayennepfeffer

Für die Garnitur:

1 Gartengurke

Vorbereiten

Die Krebse werden gebürstet, gewaschen und ca. 1 Minute in kochendheißes Wasser gegeben. Anschließend herausnehmen. Die Schalotte und die Tomate schälen und ebenso wie den englischen Sellerie in kleine Würfel schneiden.

Das Dillkraut abzupfen und die Dillstengel aufbewahren. Die Gartengurke schälen, in 3 cm dicke Scheiben schneiden, die wiederum in 6 Stifte geteilt und abgerundet werden. In Salzwasser knackig kochen, abgießen und rasch abkühlen lassen.

Zubereiten

Das Öl wird in einer Pfanne erhitzt. Nun gibt man die Krebse dazu, röstet sie ca. 3 Minuten an, fügt die Schalotte, Tomate, den englischen Sellerie und die Dillstengel bei. Das Gemüse soll keine Farbe bekommen. Dann gießt man das Öl ab, löscht mit dem Cognac (nicht flambieren), gießt den Weißwein und die Brühe an und läßt alles 3 Minuten lang kochen.
Nun werden die Krebse herausgenommen. Wenn sie abgekühlt sind, bricht man sie auf, entfernt den Darm und zerkleinert die Schalen von Schwänzen, Scheren und Körpern in einem Mörser. Diese Masse gibt man in den Sud, kocht alles langsam ein, füllt mit der Sahne auf und läßt die Sauce 20 Minuten ziehen (nicht mehr kochen lassen!). Dann passiert man die noch leicht flüssige Sauce durch ein feines Sieb in einen Topf, schwenkt die Butter ein und gibt das Dillkraut, das ausgelöste Krebsfleisch und die Gurkenstifte bei. Mit Zitrone, Cayenne und Salz abschmecken. (Foto Seite 120)

Les écrevisses à l'aneth
et concombres
dazu: Puligny Montrachet 1973, Bourgogne

Crépinettes de crabes aux
asperges vertes
dazu: Pouilly-Fumé 1973, Loire

Gratin de homard sur
lit d'épinards
dazu: Meursault-Charme 1971

Galette de brochet au ragout de grenouilles

Hechtmus mit Froschschenkelragout auf Kressepüree

Rezeptur für 2 Personen

Für das Hechtmus:

120 g Hechtfleisch (ohne Haut), Salz, Pfeffer aus der Mühle, Muskat, 1 Eiweiß, 1½ dl Crème double

Für das Froschschenkelragout:

10 g Schalotten, 2 cl Riesling, 1 cl Noilly Prat, 2 dl Fisch- oder Geflügelsud (siehe Grundrezept Seite 65 oder 279), 250 g frische Froschschenkel, 1 Messerspitze Knoblauch, Salz, Pfeffer aus der Mühle

Für das Kressepüree:

200 g Brunnenkresse (= 400 g brutto), 10 g Butter, 5 g Schalotten, 1 Prise Puderzucker, Salz, Pfeffer aus der Mühle

Für die Sauce:

20 g Butter, Zitronensaft, 2 El Sahne

Vorbereiten

Hechtmus: Das Hechtfleisch durch die feine Scheibe des Fleischwolfes drehen, mit Salz, Pfeffer aus der Mühle und Muskat würzen und im Mixer mit dem Eiweiß pürieren; dann nach und nach die Crème double beigeben, das Mus durch ein Haarsieb streichen und kalt stellen.
Froschschenkelragout: Die gehackten Schalotten in Butter glasig werden lassen, mit Weißwein, Noilly Prat und dem Fisch- oder Geflügelsud auffüllen. Nun die Froschschenkel und den Knoblauch beigeben und das Ganze ca. 3 Minuten zugedeckt ziehen lassen. Die Froschschenkel aus der Flüssigkeit nehmen und vorsichtig von den Knochen lösen. Den Froschschenkelsud für die Sauce aufbewahren.

Kressepüree: Die Kresse entstielen und einmal in Salzwasser kurz aufkochen lassen. Anschließend in Eiswasser abkühlen, abgießen, gut ausdrücken und im Mixer pürieren oder fein hacken.
Die Butter hellbraun aufschäumen lassen, die gehackten Schalotten kurz darin schwenken, ohne daß sie Farbe annehmen, die vorbereitete Kresse dazugeben und langsam heißrühren. Mit einer Prise Puderzucker, Salz und Pfeffer aus der Mühle würzen und das Püree warm halten.

Zubereiten

Nun werden die ausgelösten Froschschenkel vorsichtig unter das Hechtmus gemengt und das Ganze auf zwei kreisförmige, gut gebutterte Pergamentpapierstücke von 14 cm Durchmesser verteilt. Die Masse ca. 3 cm dick auf dem Papier gleichmäßig verstreichen, mit einem ebenfalls gebutterten kreisrunden Pergamentpapier abdecken und in einer leicht eingeölten Pfanne mit dickem Boden im vorgeheizten Ofen bei 220° pro Seite 8 Minuten hellbraun backen.
Sauce: Man läßt den Froschschenkelsud bis zur Dickflüssigkeit einkochen, schwenkt die in Stücke geschnittene eiskalte Butter ein, schmeckt mit Zitronensaft ab und rührt die kurz geschlagene Sahne darunter.

Anrichten

Das Kressepüree wird kreisförmig auf heißen Tellern verteilt; dann entfernt man vorsichtig das Pergamentpapier vom Hechtmus und bettet es auf das Püree. Das Ganze wird mit der heißen Sauce übergossen und sofort serviert.

Witzigmann rät,

das Hechtmus, nachdem es gebacken ist, sehr schnell anzurichten, weil es leicht in sich zusammenfällt.

Homard aux légumes

Hummer im Sud mit Gemüsestreifen

Rezeptur für 2 Personen

2 l Wasser, 1/2 l trockener Weißwein, 10 Petersilienstengel, 1 Thymianzweig, 1 Lorbeerblatt, Salz, 6 schwarze Pfefferkörner, 3 kleine Zwiebeln, 3 Karotten, 1 Stange Lauch, 5 frische Seezungengräten, 300 g Butter, 1 Hummer (600–700 g), 1 kleine Fenchelknolle, 200 g feinste Prinzeßbohnen (möglichst aus Kenia), 100 g frisch gezupfte Petersilie

Vorbereiten

Aus 2 l Wasser und 1/4 l trockenem Weißwein, den Petersilienstengeln, Thymian, Lorbeerblatt, Salz und den zerdrückten schwarzen Pfefferkörnern (erst in den letzten 5 Minuten beigeben!) sowie einer Zwiebel und einer Karotte (jeweils in Scheiben geschnitten) einen Wurzelsud bereiten, in dem man die angegebenen Zutaten ca. 10 Minuten kochen läßt.
1 Zwiebel und das Weiße vom Lauch in dünne Scheiben schneiden und zusammen mit den frischen Seezungengräten in 50 g Butter ohne Farbe andünsten. Mit je 1/4 l Weißwein und Wasser auffüllen und 10 Minuten kochen lassen. Durch ein feines Sieb passieren. Dieser Fischfond wird nicht gesalzen!

Zubereiten

Den Hummer in den kochenden Wurzelsud geben und 10 Minuten aufwallen lassen. Dann wird er beiseite gestellt und soll noch einige Zeit ziehen. Inzwischen werden 1 Karotte, 1 Zwiebel und die Fenchelknolle in zündholzdicke Streifen geschnitten und, jedes Gemüse für sich, im oben zubereiteten Fischfond knackig gekocht (3–4 Minuten). Dann die Gemüsestreifen aus dem Sud nehmen.
Die Prinzeßbohnen in sehr salzigem Wasser ebenfalls knackig kochen und anschließend in Eiswasser abkühlen.

Den Fischfond, aus dem die Gemüsestreifen herausgenommen wurden, bis zur Dickflüssigkeit einkochen. Nach und nach 250 g kalte, in Stücke geschnittene Butter mit dem Kochlöffel einrühren.

Anrichten

Den Hummer halbieren, die Scheren ausbrechen; die Hummerstücke auf sehr heiße tiefe Teller legen, mit den Gemüsestreifen und den Prinzeßbohnen belegen und mit der Sauce übergießen. Die gezupfte Petersilie wird darübergestreut.

Les queues de langoustines au beurre de vanille

Frische Langustinenschwänze in Vanillebutter

Rezeptur für 4 Personen

2 kg frische Langustinen (pro Person ca. 120 g netto), 150 g Prinzeßbohnen, Salz, 1 dl Noilly Prat, Saft einer halben Zitrone

Für die Sauce:

1 kleine Vanillestange, 120 g gesalzene Butter, weißer Pfeffer aus der Mühle

Vorbereiten

Die Langustinen ausbrechen und entdarmen (Schalen und Scheren finden Verwendung für eine Bisque = Krebsbrühe). Prinzeßbohnen putzen und in Salzwasser knackig kochen. Vanillestange halbieren und auskratzen.

Zubereiten

Noilly Prat zusammen mit dem Zitronensaft aufkochen lassen, die Langustinenschwänze beigeben und diese pro Seite ca. 2 1/2 Minuten garen (sie müssen noch Biß haben). Wieder herausnehmen, auf tiefe Teller verteilen und warmstellen.
Das Vanillemark in den gewonnenen Sud geben und nach und nach die Butter einschlagen. Mit Pfeffer abschmecken. Prinzeßbohnen in die Vanillebutter hineingeben.

Anrichten

Die Langustinenschwänze mit der Sauce begießen und das Gericht sofort servieren.

Chapeaux de morilles fraîches farcies à la mousse de langoustines

Frische Morchelspitzen mit Langustinenmus gefüllt in Sherry-Sabayon

Rezeptur für 4 Personen

Für das Langustinenmus:

120 g ausgebrochene, frische Langustinenschwänze, Salz, weißer Pfeffer, 1 Eiweiß, ca. 1 1/2 dl Crème fraîche, 1 EL frischer Estragon

Für die Morcheln:

12 frische große Morcheln, 30 g Butter, 1 gehackte Schalotte, Salz, weißer Pfeffer aus der Mühle, 4 cl trockener Sherry

Für den Langustinensud:

1 Schalotte, 1 EL Karotten, 1 engl. Sellerie, 1 Thymianzweig, 300 g Langustinenkörper, Olivenöl, 1 EL Tomatenmark, 2 cl Cognac, 4 cl trockener Weißwein, 4 cl Fischsud oder Wasser

Für den Sabayon:

2 Eigelb, 100 g gesalzene Butter, Cayennepfeffer, einige Tropfen Zitronensaft

Vorbereiten

Langustinenmus: Die Langustinenschwänze leicht mit Salz und Pfeffer bestreuen. Im Mixer zusammen mit dem Eiweiß mixen und nach und nach die kalte, dickflüssige Sahne beigeben. Im letzten Moment den gewaschenen und gehackten Estragon untermischen.
Morcheln: Morcheln mehrmals rasch durchwaschen - nicht zu lange im Wasser lassen, damit sie nicht auslaugen - und auf ein Tuch zum Abtrocknen legen.
Danach vorsichtig die Stiele herauslösen und die Morchelspitzen mit Hilfe eines Spritzsacks mit feiner Tülle mit dem Langustinenmus vollspritzen.
Langustinensud: Die Schalotte hacken, die Gemüse putzen und kleinschneiden. Die Langustinenkörper in heißem Olivenöl rasch anbraten. Anschließend das Öl abschütten und die gehackte Schalotte, Sellerie, Karotten, sämtliche Aromaten und das Tomatenmark in den verbliebenen Fond geben. Alles kurz ohne Farbe anrösten, mit Cognac und Weißwein ablöschen und fast völlig einkochen lassen. Mit Fischsud oder Wasser auffüllen, 20 Minuten kochen lassen und danach passieren.

Zubereiten

Morcheln: Eine feuerfeste Form mit Butter ausstreichen, mit Schalottenwürfeln, Salz und Pfeffer aus der Mühle ausstreuen und die gefüllten Morchelspitzen darauflegen. Mit Sherry und Langustinensud untergießen und im vorgeheizten Backofen bei 180° 20–25 Minuten garziehen lassen. Nicht kochen.

Sabayon: Den beim Garen der Morcheln gewonnenen Sud abschütten, das Eigelb beigeben und im Wasserbad schaumigsteif schlagen. Anschließend nach und nach die Butterflocken einschlagen und mit einer Prise Cayenne, etwas Sherry und einigen Tropfen Zitronensaft abschmecken.

Anrichten

Auf vier Tellern die Morchelspitzen anrichten und den Sabayon darübergeben.

Goujonettes de sole et langoustines à l'orange

Seezungenstreifen und Langustinen mit Orangenfilets

Rezeptur für 1 Person

100 g Seezungenfilet, 100 g ausgebrochene frische Langustinen,
30 g weiße Rübchen, 1 Messerspitze abgeriebene Orangenschale,
6 Orangenfilets, 80 g Butter, Salz,
2 cl Fischsud (siehe Grundrezept Seite 65),
2 cl Weißwein, 2 cl Noilly Prat, 20 g grüne Pfefferkörner,
3 Blätter Basilikum

Vorbereiten

Von der enthäuteten Seezunge werden die Filets abgehoben und in fingerdicke Streifen geschnitten.
Die Langustinen ausbrechen und vorsichtig den Darm entfernen. Weiße Rübchen schälen und in 6 Teile schneiden, die jeweils die Größe und Form einer Knoblauchzehe haben sollen. Dann in Salzwasser kurz aufkochen und abschütten (blanchieren). Danach, wiederum in Salzwasser, so lange kochen, daß die Rübchen noch knackig sind.
Von der ungespritzten, gewaschenen Orange wird eine Messerspitze Orangenschale abgerieben; die Seezungenfilets damit bestreuen. Dann die Orangen schälen, die weiße Haut entfernen, und in Filets schneiden.

Zubereiten

Die mit Butter ausgestrichene Sauteuse wird leicht mit Salz bestreut; Seezungenstreifen und Langustinen hineinsetzen, Fischfond, Weißwein und Noilly Prat beigeben und mit einem Butterpapier abdecken. Fisch und Langustinen ca. 3 Minuten auf jeder Seite glasig garen und anschließend warm stellen.
Den Fischsud bis zur Dickflüssigkeit einkochen, grüne Pfefferkörner, die weißen Rübchen und die Orangenfilets hineingeben und Stück für Stück die übrige leicht gesalzene Butter darin zergehen lassen. Schließlich werden Seezunge und Langustinen in der Buttersauce heißgeschwenkt.
Seezungenstreifen und Langustinen auf vorgewärmtem Teller anrichten.

Timbale d'escargots »Yves Jury«

Schneckenragout

Rezeptur für 4 Personen

48 kleine Schnecken, je 10 g Karotten, engl. Sellerie, Lauch, 1 Schalotte, 1 Knoblauchzehe, 60 g Pfifferlinge, je 1 EL Estragon, Basilikum, Petersilie, 1 Tomate, 1 EL Olivenöl, 4 cl Schneckensud, je 4 cl Riesling und Noilly Prat, 4 cl Sahne, 30 g Butter, 1 EL scharfer Senf, Salz, Pfeffer aus der Mühle

Für die Garnitur:

4 Scheiben franz. Weißbrot, 1 EL Olivenöl, 1 Knoblauchzehe

Vorbereiten

Karotten, Sellerie und Lauch werden geputzt, gewaschen und in feine Würfel geschnitten, die Schalotte und der Knoblauch geschält und ebenfalls gewürfelt. Die Pfifferlinge putzen und grob hacken, die Kräuter waschen und fein schneiden. Dann

wird die Tomate überbrüht, gehäutet, entkernt und kleingeschnitten.
Garnitur: Die 3 mm dicken Weißbrotscheiben werden mit Olivenöl beträufelt und im heißen Ofen hellbraun geröstet und mit einer geschälten, halbierten Knoblauchzehe eingerieben.

Zubereiten

Ein Eßlöffel bestes Ölivenöl wird in einer Kupferpfanne erhitzt. Man gibt die vorbereitete Schalotte und den Knoblauch bei, schwitzt sie an, ohne daß sie Farbe nehmen, fügt die Schnecken, das Gemüse und die Tomatenwürfel bei und röstet alles langsam an. Nun mit Schneckensud, Wein und Noilly Prat auffüllen, einkochen lassen und die Sahne angießen, die jedoch nicht kochen darf. Zum Schluß rührt man die Butter, den Senf und die vorbereiteten Kräuter in die Sauce und schmeckt mit Salz und viel Pfeffer aus der Mühle ab.

Anrichten

Das Schneckenragout in vorgewärmte feuerfeste Pfännchen füllen und mit den Weißbrotscheiben belegt kurz im Ofen gratinieren. Dann sofort und sehr heiß servieren.

LES VIANDES

Fleisch

Ob es um ein zartes Lendenstück geht oder ob ein Kalbsfilet in Blätterteig gehüllt wird oder Schweinsfüße oder Ochsenschwanz zur Zubereitung anstehen – unter Witzigmanns Hand wird jede Zutat zur Delikatesse, ohne daß ihr Gewalt angetan wird oder sie an Eigenart einbüßt.

Cœur de filet de bœuf poché

Coeur de filet de boeuf poché

Rinderfilet gekocht mit Rohkostsalaten

Rezeptur für 2 Personen

2 Rinderfilet à 200 g, Rinderkraftbrühe, grobes Salz, Pfeffer

Für die Garnitur:

150 g feine Spinatblätter, 2 Tomaten, 2 Karotten, 1 kleine Gartengurke, 8 kleine Radieschen, 6 Champignons

Für die Grüne Sauce:

2 g Kerbel, 5 g Petersilie, 2 g Estragon, 4 g Spinat, 2 g Schnittlauch, 2 g Basilikum, 6 cl Keim-Olivenöl, Zitronensaft, 1 EL Senf, Salz, Pfeffer aus der Mühle

Vorbereiten

Garnitur: Der feine Blattspinat wird gewaschen. Die Tomaten überbrühen, etwas abkühlen lassen, die Haut abziehen, entkernen und in Streifen schneiden. Die Karotten und die Gurke schälen, in feine Streifen schneiden oder raspeln. Die Radieschen und Champignons ebenfalls waschen und in feine Streifen schneiden.
Grüne Sauce: Die gut gewaschenen und getrockneten Kräuter zusammen mit dem Olivenöl im Mixaufsatz verarbeiten und anschließend mit dem Zitronensaft, Senf, Salz und Pfeffer aus der Mühle verrühren.

Zubereiten

Eine würzige Rinderkraftbrühe wird zum Kochen gebracht und das von Fett und Sehnen befreite Filet an einem Bindfaden hineingelegt. Die Flüssigkeit muß das Filet vollkommen bedecken. Nun das Fleisch ca. 10–15 Minuten auf dem Siedepunkt ziehen lassen und unbedingt darauf achten, daß es nicht kocht.

Anrichten

Die rohen Gemüse werden portionsweise auf einem Teller angeordnet und mit der Grünen Sauce beträufelt. Das Filet wird aus der Flüssigkeit genommen, mit grobem Salz und viel Pfeffer bestreut, in die Mitte des Tellers gesetzt und ebenfalls mit der Kräutersauce begossen. (Foto Seite 131)

Witzigmann rät,

das Filet zur Abwechslung auch einmal mit gekochten Gemüsen und einer warmen Meerrettichsauce zu reichen.

Filet de boeuf mariné

Rinderfilet in Châteauneuf-du-Pape

Rezeptur für 4 Personen

4 Rinderfilets à 200 g, 40 g Butter, 1 EL Olivenöl, 1 dl Cognac, Salz, weißer Pfeffer aus der Mühle

Für die Marinade:

1 Karotte, 1 Zwiebel, 1/2 Flasche Châteauneuf-du-Pape, 1 kleiner Thymianzweig, 1 Lorbeerblatt

Für die Sauce:

4 EL Porto, 2 EL Preiselbeerkompott, 1 EL Johannisbeergelee, 8 EL Crème fraîche, 2 EL grüner Pfeffer, 60 g Butter

Vorbereiten

Marinade: Karotte und Zwiebel schälen und in Scheiben schneiden. Den Rotwein in eine Schüssel geben und mit Thymian, Lorbeerblatt und den Zwiebel- und Karottenscheiben vermischen.

Filets: Die gut abgehangenen Filets in die Marinade einlegen und mindestens 12 Stunden nicht zu kalt marinieren. Anschließend herausnehmen und abtrocknen.

Zubereiten

Filets: In einer Pfanne mit dickem Boden 40 g Butter und das Olivenöl stark erhitzen, die Filets einlegen und auf jeder Seite 4 Minuten braten. Danach mit Cognac flambieren. Aus der Pfanne nehmen, kräftig mit Salz und Pfeffer würzen und warm stellen.
Sauce: Das Bratfett abschütten, 1 dl Marinade, den Porto sowie Preiselbeerkompott und Johannisbeergelee beigeben und zur Hälfte einkochen. Mit Sahne auffüllen und das Ganze zu einer sämigen Sauce kochen. Zuletzt den grünen Pfeffer dazugeben, noch einmal abschmecken und die restliche Butter einrühren.

Anrichten

Die Filets werden auf einer vorgewärmten Platte angeordnet und mit der heißen Sauce übergossen.

Entrecôte grillée Villette

Lendenschnitte gegrillt mit Ochsenmark überbacken

Rezeptur für 2 Personen

400 g Rindslendenschnitte, Salz, Pfeffer

Für die Ochsenmarkmasse:

*100 g Ochsenmark, 30 g Schalotte, 30 g Petersilie,
50 g Weißbrotkrümel (ohne Rinde), Salz, Pfeffer aus der Mühle,
frische Thymiannadeln, 4 cl Weißwein*

Entrecôte grillée Villette

Für die Sauce Beaujolaise:

1 Schalotte, 2 EL Butter, 1 dl Beaujolais, 1 Prise frischer Thymian, 1 winziges Stück Lorbeerblatt, 1 dl brauner, klarer Kalbsfond (Grundrezept siehe Seite 277), Salz, weißer Pfeffer aus der Mühle

Vorbereiten

Ochsenmarkmasse: Ochsenmark in 1/2 cm große Würfel schneiden, mit der feingehackten Schalotte, der gehackten Petersilie, den Weißbrotkrümeln, Salz, viel Pfeffer aus der Mühle, Thymiannadeln gut vermengen und mit Weißwein befeuchten.

Zubereiten

Das von Fett und Sehnen befreite Fleisch wird leicht geklopft und auf dem Grill oder in der Pfanne kurz gebraten (es soll noch blutig sein). Das Fleisch mit Salz und frischem Pfeffer bestreuen, 1 cm dick mit der Ochsenmarkmasse bestreichen und im vorgeheizten Backofen bei 250° (nur Oberhitze) ca. 8 Minuten schön braun überbacken.
Sauce Beaujolaise: Die feingehackte Schalotte in 1 Eßlöffel Butter vorsichtig dämpfen (ohne Farbe) und mit dem Beaujolaise aufgießen. Thymian und Lorbeer dazugeben und bis auf ein Drittel einkochen lassen. Mit dem Kalbsfond auffüllen und nun bis auf die Hälfte einkochen. Mit Salz, Pfeffer und der übrigen Butter vollenden und passieren.

Anrichten

Die Lendenschnitte mit einem scharfen Messer in fingerdicke Scheiben schneiden, auf einer vorgewärmten Platte anrichten und mit Sauce Beaujolaise umgießen. Dazu passen knusprige, dünn geschnittene Pommes frites oder Pommes paysannes. Garniert wird mit frischer Brunnenkresse. (Foto Seite 135)

Tronçons de queues de boeuf fourrées aux gnocchis romaine

Ochsenschwanzringe gefüllt mit Grieß rumänisch

Rezeptur für 4 Personen

8 Ochsenschwanzstücke von der Mitte à 150 g, Salz, weißer Pfeffer aus der Mühle, 1 EL Mehl, 1 EL Olivenöl, 2 Zwiebeln, 1 Karotte, 1 Thymianzweig, 1–2 Lorbeerblätter, 1 Knoblauchzehe, 5 Champignons, 5 Tomaten oder Tomatenpüree, 1/4 l Burgunder, 1/4 l Madeira

Für die Grießmasse:

1/2 l Milch, 50 g Butter, Salz, weißer Pfeffer aus der Mühle, Muskat, 120 g Grieß, 1 Eigelb, 1 Ei

Ochsenschwanz: Die Ochsenschwanzscheiben mit Salz und Pfeffer bestreuen, in Mehl wälzen, gut abklopfen und in heißem Olivenöl in einer Pfanne mit dickem Boden langsam anrösten. Zwiebeln, Karotte, Thymian, Lorbeerblätter, Knoblauch und Champignons hinzufügen.
Die geschälten und entkernten Tomaten in kleine Würfel schneiden und ebenfalls zum Fleisch geben; weiterschmoren lassen.
Wenn die gesamte Flüssigkeit verdunstet ist und Fleisch und Gemüse leicht Farbe angenommen haben, mit wenig Wasser ablöschen und erneut einkochen; mehrmals wiederholen. Mit Rotwein und Madeira auffüllen und in ca. 6 Stunden langsam weichkochen. Den weichgekochten Ochsenschwanz aus der Sauce heben, die Sauce entfetten; passieren.
Grießmasse: Die Milch (bis auf 2 EL) mit Butter, Salz, Pfeffer und Muskat aufkochen, den Grieß einrieseln lassen und 20 Minuten kochen.
Eigelb und Ei mit den restlichen 2 Eßlöffeln kalter Milch verschlagen und rasch mit dem Grießbrei vermengen.

Anrichten

Von den ausgekühlten Ochsenschwanzscheiben vorsichtig die Knochen entfernen. In die Mitte der Scheiben die Grießmasse füllen, mit der Sauce umgießen und das Ganze ca. 25 Minuten in den Ofen (220°) schieben.

Paupiettes de boeuf aux choux de Bruxelles

Rindsrouladen mit Kohlsprossen gefüllt

Rezeptur für 4 Personen

4 Rindsrouladen (à 120 g), Salz, weißer Pfeffer aus der Mühle, 2–3 EL milder Senf, 4 Scheiben Räucherspeck (80 g), Paprika, etwas Mehl, 4 cl Olivenöl, 2 mittelgroße Zwiebeln, 1 TL Tomatenmark, ein Spritzer Essig, 1/2 l Wasser, 1 bouquet garni (1/3 Stange Lauch, etwas Bleichsellerie, 3 Petersilienstengel), 1 Gewürzsäckchen (1 Thymianzweig, 2 frische Lorbeerblätter, 1 Knoblauchzehe, einige zerdrückte Pfefferkörner)

Für die Füllung:

150 g Kohlsprossen (österr. für Rosenkohl), 1 Karotte, 40 g Butter, 1 mittelgroße Zwiebel, Salz, weißer Pfeffer aus der Mühle, 10 g gehackte Petersilie, 1 Scheibe Weißbrot ohne Rinde, 25 g Butter

Vorbereiten

Die Rouladen dünn ausklopfen, mit Salz und Pfeffer aus der Mühle bestreuen, mit Senf bestreichen und mit je einer Räucherspeckscheibe belegen.
Füllung: Rosenkohl und Karotte putzen und in feine Streifen (julienne) schneiden. 40 g Butter zerlaufen lassen und darin die kleingeschnittene Zwiebel und die Gemüsestreifen andünsten. Mit Salz, Pfeffer und gehackter Petersilie abschmecken.

Aus dem Weißbrot 4 Croutons in der Größe von 4 cm Länge und 2 cm Dicke schneiden. Anschließend in 25 g geklärter Butter knusprig ausbacken.
Nun die Croutons und die Gemüsefüllung auf die Speckscheiben legen, den Rand der Rouladen etwas nach innen schlagen und fest zusammenrollen. Anschließend mit einem Bindfaden über Kreuz zusammenbinden. Mit Salz, Pfeffer und Paprika bestreuen, in Mehl wenden und gut abklopfen.
Die beiden Zwiebeln in 1 cm große Stücke schneiden.

Zubereiten

In einem Topf von 24 cm Durchmesser das Öl erhitzen und die Rouladen darin rundherum kurz und kräftig anbraten, ohne daß das Fett verbrennt. Anschließend wieder herausnehmen. Im verbliebenen Bratfond die Zwiebelstücke hellbraun andünsten, mit Wasser ablöschen und einkochen lassen. Das Ganze mehrmals wiederholen, bis die Zwiebeln weich sind und Farbe angenommen haben. Danach einen Teelöffel Tomatenmark dazugeben, etwas anrösten, mit einem Spritzer Essig und wenig Wasser ablöschen und reduzieren. (Die Sauce bekommt einen besonders kräftigen Geschmack und eine schöne dunkle Farbe, wenn man diesen Vorgang öfter, aber bei schwacher Hitze, wiederholt.)
Nun mit 1/2 l Wasser auffüllen und aufkochen lassen. Die Rouladen und das bouquet garni, das Gewürzsäckchen und 1 EL Senf dazugeben und zugedeckt im vorgeheizten Backofen bei 180° ca. 1–1 1/2 Stunden garen. Wenn nötig, Wasser nachfüllen.
Die Rouladen auf einer heißen Platte anrichten; das bouquet garni und das Gewürzsäckchen herausnehmen, die Sauce entfetten und mixen. Noch einmal mit Salz und Pfeffer und Senf abschmecken und die Sauce über die Rouladen gießen.

Côtelette de veau

Kalbskotelett in Butter gebraten

Rezeptur für 4 Personen

4 Kalbskoteletts, Salz, weißer Pfeffer aus der Mühle, 1 Prise Paprika, etwas Mehl, 1 EL Olivenöl, 40 g Butter, 20 g gekühlte Butterflöckchen

Für die Garnitur:

4 kleine, feste Artischocken, Saft einer ganzen Zitrone, 1 große Kartoffel von ca. 120–150 g, 300 g frische Tomaten, 200 g feine grüne Bohnen, Salz, 2 EL grobgehackte Petersilie, 2 dl Olivenöl, weißer Pfeffer aus der Mühle, 1 Schalotte, 30 g Butter

Vorbereiten

Die Koteletts mit Salz, Pfeffer, Paprika würzen, dann in Mehl wenden und mit dem Handballen leicht klopfen.
Garnitur: Die Artischocken sauber entblättern und den Stil entfernen. Mit einem scharfen Küchenmesser die grünen Teile der Artischockenböden abschneiden und mit einem Teelöffel das Heu entfernen. Die Artischockenböden dann in Zitronensaft marinieren. Die Kartoffel schälen und kurz waschen. Dann in 20 dünne Scheibchen schneiden.
Die entstielten Tomaten in kochendes Wasser geben, 5 Sekunden sprudelnd kochen lassen und dann enthäuten und entkernen. Danach in gleichmäßige Würfel schneiden. Bohnen putzen, der Länge nach halbieren und in viel Salzwasser knackig kochen. In Eiswasser abschrecken und auf ein Sieb geben. Petersilie waschen und grob hacken.

Zubereiten

In einer der Größe des Fleisches entsprechenden Pfanne Olivenöl und 40 g Butter zergehen lassen. Die Koteletts einlegen und bei mittlerer Hitze gut 5 Minuten auf jeder Seite braten. Danach warm stellen.

Nun das Fett aus der Pfanne abgießen und den verbliebenen Bratensaft mit wenig Wasser loskochen. Die so gewonnene Sauce sanft köcheln lassen und mit den gekühlten Butterflöckchen leicht binden.
Garnitur: 1 dl Olivenöl erhitzen und die in 8 kleine Eckchen geschnittenen Artischockenböden langsam garbraten, wobei der Kern noch leicht fest sein soll. Mit Salz und Pfeffer würzen. Die Kartoffelscheibchen zu vier rosenförmigen Blättchen drapieren und in Öl rösten. Mit Salz und Pfeffer bestreuen und schön resch braten.
Die Tomatenwürfel zusammen mit der gehackten Schalotte in Butter braten, die gehackte Petersilie dazugeben und ebenfalls mit Salz und Pfeffer würzen.

Anrichten

Die Koteletts auf vorgewärmte Teller verteilen, mit Bratensauce nappieren und das Gemüse rundherum arrangieren. (Foto Seite 293)

Fricassée de veau au citron

Kalbsfrikassee mit Zitrone

Rezeptur für 4 Personen

1 kg Kalbsschulter (oder -füße), etwas Mehl, 12 kleine Zwiebeln, 2 Karotten, 2 Knoblauchzehen, 200 g Tomaten, 1 Gewürzstrauß (1 Stange Lauch, 1 Thymianzweig, Petersilie, 1 Lorbeerblatt), 4 El Olivenöl, 1 EL Butter, Salz, weißer Pfeffer aus der Mühle, 4 cl Zitronensaft, 1 dl Weißwein, 2 dl Kalbsjus (siehe Grundrezept Seite 277)

Vorbereiten

Sehnen und Fett von der Kalbsschulter entfernen und diese in 4 cm große Stücke schneiden. Anschließend mit etwas Mehl bestäuben.

Zwiebeln und Karotten schälen und in kleine Würfel schneiden. Knoblauch ebenfalls schälen und klein hacken.
Die Tomaten überbrühen und die Haut abziehen. Anschließend vierteln, entkernen und in kleine Würfel schneiden.
Das Weiße vom Lauch und die Petersilie waschen und zusammen mit Thymian und dem Lorbeerblatt zu einem Gewürzsträußchen binden.

Zubereiten

In einem gußeisernen Topf Olivenöl und Butter erhitzen, die Fleischstücke hineingeben und langsam Farbe nehmen lassen. Mit Salz und Pfeffer bestreuen, Karotten und Zwiebeln hinzufügen und alles zusammen weiter rösten. Mit Zitronensaft, Weißwein und Kalbsjus ablöschen, Tomaten, Knoblauch und das Gewürzsträußchen beigeben und das Ganze im vorgeheizten Backofen bei 180° in ca. 1 1/4 Stunden garziehen. Danach das Gewürzsträußchen herausnehmen und das Ragout sehr heiß servieren. Man kann es noch mit gehacktem Estragon bestreuen.

Poitrine de veau farcie aux riz

Kalbsbrust mit einer Reisfüllung

Rezeptur für ca. 10 Personen

2,2 kg Kalbsbrust (mit eingeschnittener Tasche), Salz, Pfeffer, Paprika, 2 kleine Zwiebeln, 3 Knoblauchzehen, 1 Karotte, 100 g engl. Sellerie, 2 Tomaten, 50 g Champignonabfälle, 1 Thymianzweig, 1 Rosmarinzweig, 1 Lorbeerblatt, 1 Salbeiblatt, 30 g Estragonstengel

Für die Füllung:

20 g Schalotten, 10 g Butter, 200 g Langkornreis, 10 Safranfäden, 6 dl Geflügelfond (siehe Grundrezept Seite 279), 100 g Parmesan, fein gerieben, 1 cl Weißwein, 1 Eigelb, 1–2 Eiweiß, 100 g Champignons, Salz, weißer Pfeffer

Vorbereiten

Füllung: Die Schalotten schälen, klein würfeln und in Butter leicht glasig dünsten. Den Reis und die Safranfäden beifügen, mit dem Geflügelfond aufkochen und weitergaren. Die Masse hat eine leichte Bindung, sobald der Reis al dente gekocht ist. Nun den Käse, 1 cl Weißwein, das Eigelb und das geschlagene Eiweiß unterziehen. Die Champignons putzen, hacken und ansautieren. Dann zur Füllung geben und diese mit Salz und Pfeffer würzen.
Kalbsbrust: Die bereits zum Füllen vom Metzger vorbereitete Kalbsbrust mit der fertigen Farce füllen und mit einem Bindfaden zunähen. Anschließend mit Salz, Pfeffer und Paprika würzen. Das Gemüse putzen, in grobe Scheiben schneiden und mit den Aromaten in eine gußeiserne Pfanne geben. Die Kalbsbrust darauflegen.

Zubereiten

Die Kalbsbrust mit 2 cl Wasser untergießen und im vorgeheizten Backofen bei 180–220° ca. 2 Stunden garen. Es ist sehr wichtig, das Fleisch während des Bratvorgangs ständig mit dem Bratenfond zu übergießen und bei Bedarf noch etwas Wasser nachzufüllen. Während der ersten Stunde den Braten zugedeckt lassen.
Wenn die Brust weichgedünstet ist, nimmt man sie mit Hilfe einer breiten Palette vorsichtig heraus und läßt sie 20 Minuten warmgestellt ruhen. Nun schöpft man das Fett von der Sauce ab, läßt die Flüssigkeit einkochen, löscht mit Wasser ab und wiederholt diesen Vorgang einige Male, damit die Sauce Glanz bekommt. Dann passiert man sie durch ein Spitzsieb.

Anrichten

Den Bindfaden von der Kalbsbrust entfernen und mit einem langen Sägemesser 2 cm dicke Scheiben schneiden. Das Fleisch auf heiße Teller geben und mit der Sauce umgießen. Als Beilage zur Kalbsbrust mit Reisfüllung Blattspinat reichen.

Waterzooi de jarrets de veau aux asperges vertes et truffes blanches

Waterzooi von Kalbshaxen mit grünem Spargel und weißen Trüffeln

Rezeptur für 4 Personen

2 kleine Kalbshaxen (600 g netto), 80 g Butter,
20 g Schalotten (gewürfelt), 3 dl Weißwein, 1 Lorbeerblatt,
1/2 l Kalbsfond (siehe Grundrezept Seite 277),
150 g grüner Spargel, 150 g Artischocken in Scheiben,
80 g junge, kleine Karotten, 5 g Estragon, Salz, Pfeffer, Petersilie,
40 g weiße Trüffeln

Vorbereiten

Die Kalbshaxen (vom jungen Kalb) werden vollständig enthäutet, ausgebeint und von allen Sehnen befreit, so daß sich ca. daumengroße Fleischstücke ergeben.

Zubereiten

In einer Sauteuse von ca. 20 cm Durchmesser erhitzt man 20 g Butter, gibt die Fleischwürfel und die Schalotten dazu und schmort alles leicht an. Nun löscht man mit Weißwein ab, läßt etwas einkochen und fügt das Lorbeerblatt bei. Nachdem mit dem Kalbsfond aufgegossen wurde, läßt man das Ganze ca. eine 3/4 Stunde zugedeckt ziehen.
Anschließend gibt man den gewaschenen, etwas zerkleinerten Spargel, die Artischocken und Karotten dazu und dünstet das Gemüse kurze Zeit mit. Dann aus der Sauteuse nehmen, den Fond einkochen, Estragon beigeben und die Sauce mit 60 g Butter binden.

Anrichten

Die Fleischwürfel und das Gemüse auf einer vorgewärmten tiefen Platte anrichten, mit Sauce übergießen, mit gehackter Petersilie bestreuen und die Trüffeln roh darüberreiben.

Medaillons de veau au calvados

Medaillons vom Kalbsrücken in Calvados

Rezeptur für 4 Personen

4 Kalbsmedaillons à 120 g (von Rücken oder Nuß), Salz, weißer Pfeffer aus der Mühle, etwas Mehl, 30 g Butter, 1 EL Nußöl, 1 Äpfel (Reinetten), 30 g geriebener Greyerzer oder Emmentaler, 8 frische Walnüsse, Saft einer halben Zitrone, 2 EL Calvados

Für die Sauce:

2 Tomaten, Salz, weißer Pfeffer aus der Mühle, 2 dl Sahne, 1 EL gehackter Estragon

Gerät:

1 feuerfeste Form

Vorbereiten

Kalbsmedaillons: Die Kalbsmedaillons mit Salz und Pfeffer bestreuen, in Mehl wenden und gut abklopfen. Etwas Butter und das Nußöl in einer Sauteuse erhitzen und die Medaillons darin auf beiden Seiten je 3 Minuten braun anbraten, ohne dabei die Butter verbrennen zu lassen; dann das Fleisch herausnehmen.
Die Äpfel schälen und in zwei Teile schneiden. An der Unterseite gerade abschneiden, das Kerngehäuse mit einem Apfelausstecher entfernen. Ein nußgroßes Stück Butter in einer Pfanne erhitzen und die Äpfel darin auf beiden Seiten langsam anbraten. Sie sollen nur halb gar sein.
Sauce: Die Tomaten überbrühen, ihre Haut abziehen, entkernen und in Würfel schneiden. Anschließend in der Sauteuse, in der die Kalbsmedaillons gebraten wurden, anschwitzen und mit Salz und Pfeffer bestreuen. Alle Flüssigkeit verdunsten lassen. Mit der Sahne auffüllen, erhitzen, im Mixer verquirlen und den gehackten Estragon beigeben. Zuletzt noch den ausgetretenen Fleischsaft der Medaillons unterrühren.

Zubereiten

Die Kalbsmedaillons in eine ausgebutterte, feuerfeste Gratinform legen, auf jedes ein Apfelstück setzen und mit der Sauce übergießen. Mit geriebenem Käse bestreuen und im auf 240° vorgeheizten Backofen bei starker Oberhitze ca. 10 Minuten lang überbacken. Der Käse soll leicht hellbraun werden. Im letzten Augenblick die gehackten Nüsse darüberstreuen, mit einigen Tropfen Zitronensaft beträufeln und mit dem vorher erhitzten Calvados flambieren. Sofort servieren.

Witzigmann rät,

dazu als Gemüsebeilage sehr feine junge Erbsen zu reichen.

Les filets mignons de veau à l'oseille

Kleine Kalbsfiletscheiben in Sauerampfersauce

Rezeptur für 4 Personen

16 Kalbsfiletscheiben à 40 g, 1 EL Olivenöl, 1 EL Butter, Salz, Pfeffer, etwas Mehl

Für die Sauerampfersauce:

1 El Butter, 1 Schalotte, 2 Champignons, 1 Tomate, 4 cl Weißwein, 4 cl Noilly Prat, 1 dl Geflügelbrühe (siehe Grundrezept S. 279), 4 cl Sahne, 50 g Butter, 30 g Sauerampfer

Vorbereiten

Die Filetscheiben leicht flach klopfen. Die Schalotte und die Tomate werden geschält und in feine Würfel geschnitten, die Champignons geputzt und in Scheiben geschnitten; den Sauerampfer waschen, die Stiele entfernen und in 3 mm dicke Streifen hacken.

Zubereiten

Sauce: In einer Kupferpfanne wird 1 Eßlöffel Butter zum Aufschäumen gebracht. Die Schalotte beifügen und etwas Farbe annehmen lassen, dann die Champignonscheiben und die Tomate dazugeben und alles langsam dünsten. Weißwein, Noilly Prat und Geflügelbrühe angießen und fast ganz einkochen lassen. Nun die Sahne beifügen, nochmals erhitzen und durch ein feines Haarsieb passieren.

Kalbsfiletscheiben: Olivenöl und Butter erhitzen. Die Fleischscheiben salzen, pfeffern, in Mehl wenden und gut abklopfen. Dann auf jeder Seite 1 1/2 Minuten braten, bis sie hellbraun sind. Die Filetscheiben aus der Pfanne nehmen und zugedeckt gut warm stellen. Das Bratfett aus der Pfanne abgießen, den Bratensatz mit 2 Eßlöffel Wasser ablöschen, einkochen lassen und den Fond in die Sauce passieren.
Nun die Sauce nochmals aufkochen, die Butter in Stücken einschlagen, abschmecken und zum Schluß den Sauerampfer beigeben; aufkochen lassen. Die mit Sauerampfersauce übergossenen Kalbsfilets mit Rote-Bete-Flan servieren. (Foto Seite 159)

Gigot de mouton en poivrade – façon Bocuse

Hammelkeule in Pfeffersauce

Rezeptur für 8 Personen

2,5 kg Hammelkeule, 10 Knoblauchzehen, 5 Sardellenfilets, etwas Cognac, 100 g Schweineblut

Für die Marinade:

2 Flaschen guter Burgunder, 50 g Olivenöl, 3 Lorbeerblätter, Thymian, 2 Zwiebeln, 3 Karotten, 2 Knoblauchzehen, 10 Pfefferkörner

Vorbereiten

Den Oberschenkel der Hammelkeule vom Knochen lösen und mit Knoblauchstiften und Sardellen spicken. Anschließend in eine Marinade aus Burgunder, Olivenöl, Lorbeerblättern, Thymian, gehackten Zwiebeln und Karotten sowie den zerdrückten Knoblauchzehen und den ebenfalls zerdrückten Pfefferkörnern legen und das Fleisch vier Tage darin ziehen lassen.

Zubereiten

Vor dem Braten muß die Keule gut abgetrocknet werden. Im heißen Backofen oder am Spieß ca. 45 Minuten braten. Danach 30 Minuten auf der offenen Backofenklappe ruhen lassen. Für die Sauce wird die Marinade mit allen Ingredienzen zur Hälfte eingekocht. Danach mit etwas Cognac ablöschen. Mit dem Schweineblut binden, passieren und noch einmal abschmekken.

Filets d'agneau en croûte

Lammfilets mit Spinatfüllung in Blätterteig gebacken

Rezeptur für 4 Personen

Für die Lammfilets:

2 EL Olivenöl, 250 g Lammfilets ohne Fett und Sehnen (= 4 Stück), Salz, weißer Pfeffer aus der Mühle

Für den Blattspinat:

1 Schalotte, 1 Knoblauchzehe, 10 g Butter, 25 g junger Blattspinat (ohne Stiele), Salz, weißer Pfeffer aus der Mühle, Muskat

Für die Geflügelleber:

100 g Geflügelleber, 1 EL Cognac, Salz, weißer Pfeffer aus der Mühle, 50 g Gänseleber-Parfait (siehe Grundrezept Seite 286), 300 g Blätterteig (siehe Grundrezept Seite 282), 1 Ei

Vorbereiten

Lammfilets: In sehr heißem Olivenöl werden die Filets rundherum ganz kurz angebraten. Anschließend auf ein Gitter legen, mit Salz und Pfeffer bestreuen und auskühlen lassen.
Spinat: Schalotte und Knoblauchzehe fein hacken und in aufschäumender Butter anschwitzen, ohne daß sie Farbe annehmen. Den gewaschenen Spinat beigeben und trocken dünsten. Mit Salz, Pfeffer und Muskat würzen.
Geflügelleber: In der Pfanne, aus der man die Filets genommen hat, die Geflügelleber ebenfalls ganz kurz anbraten, mit Cognac ablöschen und anschließend auf ein Sieb schütten. Mit Salz und Pfeffer würzen.

Zubereiten

Das Gänseleber-Parfait zusammen mit der Geflügelleber durch ein feines Haarsieb streichen, in einer Schüssel glattrühren und mit dem kalten Spinat vermengen.
Den Blätterteig in zwei Platten von ca. 12 × 18 cm schneiden (die obere Platte sollte etwas breiter sein). Eine Platte wird nun ca. 1/2 cm dick mit der Spinatmasse bestrichen (am Rand etwa 1 1/2 cm frei lassen). Darauf zwei Lammfilets setzen, wieder mit der Spinatmasse bestreichen, darauf die anderen beiden Filets geben und das Ganze rundherum mit der restlichen Spinatmasse zustreichen. Den Teigrand mit verschlagenem Ei einstreichen, die zweite Teigplatte auflegen und die Ränder leicht andrücken. An der Oberfläche zwei Löcher ausstechen, das Ganze mit Ei bestreichen und im vorgeheizten Backofen (250 Grad) 10 Minuten backen. Danach die Hitze auf 220 Grad reduzieren und weitere 15 Minuten backen. Nach dem Backen soll das Gericht mindestens 10 Minuten an einem warmen Platz ruhen.

Anrichten

Der Blätterteig mit den Lammfilets und Spinatfüllung wird mit einem Sägemesser in Scheiben geschnitten und so serviert. (Foto Seite 291)

Witzigmann rät

Zum Lammfilet in Blätterteig paßt vorzüglich eine Trüffelsauce.

Cou d'agneau de lait braisé au fenouil

Milchlammhals mit Fenchel gedünstet

Rezeptur für 2 Personen

1 Milchlammhals (ca. 650 g), Salz, weißer Pfeffer aus der Mühle, 1 mittelgroße Fenchelknolle, Saft einer halben Zitrone, 2 kleine Zwiebeln, 2 kleine mehlige Kartoffeln, 1 Gewürzsträußchen (1 frischer Thymianzweig, 2 Petersilienstengel und 1 kleines Lorbeerblatt), 2 EL Olivenöl, 6 Knoblauchzehen, 6 Anis- oder Fenchelsterne, 1 1/2 dl Wasser, einige Tropfen Pernod

Gerät:

1 ovaler gußeiserner Topf, 22 cm lang, 10 cm hoch; Silberfolie

Vorbereiten

Milchlammhals: Den Milchlammhals mit Salz und Pfeffer aus der Mühle einreiben und ohne Fettzugabe in einen gußeisernen Topf legen. Im vorgeheizten Backofen (220°) auf jeder Seite etwa 10 Minuten anbraten.
Fenchelgemüse: Die braunen Stellen vom Fenchel entfernen, das grüne Fenchelkraut abzupfen und aufheben. Anschließend die Fenchelknolle halbieren, in 1/2 cm dicke Scheiben schneiden und mit etwas Zitronensaft beträufeln.
Zwiebeln und Kartoffeln schälen und ebenfalls in Scheiben schneiden. Die gewaschenen Petersilienstengel, den Thymianzweig und das Lorbeerblatt mit einem Bindfaden zu einem Sträußchen zusammenbinden.

Zubereiten

Der Milchlammhals wird aus dem Topf genommen und warm gestellt. Das ausgetretene Fett abschütten, das Olivenöl hinzugeben und die Zwiebelscheiben hineingeben. Anschwitzen, ohne daß sie Farbe annehmen. Danach die Fenchel- und Kartoffelscheiben beigeben, salzen und pfeffern. Das Gewürz-

sträußchen und die angedrückten, aber nicht geschälten Knoblauchzehen sowie die Fenchel- oder Anissterne (fein zerhackt, mit Salz bestreut und mit Wasser befeuchtet) ebenfalls hineingeben.
Den Milchlammhals darauflegen, mit Wasser auffüllen, mit Silberfolie abdecken und den Topfdeckel daraufsetzen. Auf das Gitter im Backofen stellen und bei 180° etwa 1 1/2 Stunden lang garen. Anschließend Fleisch, Gewürzsträußchen und Knoblauchzehen herausnehmen. Das Fleisch auf ein Brett legen, mit einer Gabel festhalten und mit einem Löffel oder Messer vom Knochen drücken.
Das Fenchelgemüse mit einigen Tropfen Pernod beträufeln und mit viel weißem Pfeffer aus der Mühle und dem Fenchelgrün bestreuen.

Anrichten

Das Fenchelgemüse auf einen vorgewärmten Teller betten, das Fleisch darauf legen und sofort servieren.

Carré d'agneau rôti aux arômates

Lammkarree mit Aromaten gebraten

Rezeptur für 2 Personen

1 Lammkarree (ca. 500 g), Salz, Pfeffer, 30 g Butter, 30 g Schalotte oder Zwiebel, 60 g engl. Sellerie, 1 Lorbeerblatt, 1 Thymianzweig, 1 Rosmarinzweig, 2 Knoblauchzehen ungeschält

Zubereiten

Das vom Metzger vorbereitete Lammkarree mit Salz und Pfeffer bestreuen, mit der Fettseite nach unten in eine ovale Pfanne legen und im vorgeheizten Ofen bei ca. 220° 10 Minuten anbraten. Danach das ausgetretene Fett abschütten, die Butter beifügen, das geputzte und gewürfelte Gemüse und alle Aromaten daraufgeben und das Lammkarree nun mit der Fettseite nach oben darauf betten. 10 Minuten weiterbraten und dabei öfter mit dem Fond begießen. Das Karree wird nun herausgenommen und 10 Minuten zum Rasten warm gestellt.
Das Gemüse mit etwas Wasser ablöschen und einkochen lassen. Man wiederholt diesen Vorgang des öfteren, um eine kurze, kräftige Sauce zu erhalten. Die Sauce zum Schluß durch ein feines Sieb passieren und warm stellen.

Anrichten

Das Lammkarree in Scheiben schneiden und anrichten. Mit der heißen Sauce umgießen. (Foto Seite 158)

Witzigmann rät,

das gebratene Lammkarree auch einmal mit Senf bestrichen, mit Weißbrotbröseln bestreut, zu überbacken.

Crépinettes de pieds de porc aux lentilles

Crépinettes von Schweinsfüßen auf Linsen serviert

Rezeptur für 6 Personen

6 Schweinsfüße, 1 1/4 l Wasser, 1/2 Zitrone, 2 Zwiebeln, 1 Karotte, 1 Lorbeerblatt, 1 Thymianzweig, 5 Rosmarinnadeln, 2 Salbeiblätter, 2 engl. Selleriestauden, 2 Gewürznelken, Salz, 10 Pfefferkörner, 1/2 l Weißwein

Füllung:

150 g Schweinefleisch von der Schulter, 125 g fetter Speck (Schinkenspeck), 100 g Masthuhnleber, Salz, weißer Pfeffer aus der Mühle, Muskat, 2 Toastbrotscheiben ohne Rinde, 3 EL Milch, 1 Ei, 3 EL Cognac, 2 EL gehackte Petersilie, 1 Schalotte, 30 g Butter, 100 g magerer Schinken in Würfeln

Für die Einlage:

100 g Trüffeln gehackt oder in Würfeln oder 120 g rohe Gänseleber, 1 EL Madeira, Salz, Pfeffer

Für das Linsengemüse:

100 g geräucherter Speck, 150 g Zwiebeln, 80 g Karotten, 50 g Lauch, 150 g Kartoffeln, 300 g Linsen, 40 g Tomatenpüree, ca. 1 l Geflügelbrühe (siehe Grundrezept Seite 279), Salz, Pfeffer, 10 Kapern, 2 Sardellenfilets, 2 kleine Gewürzgurken, 1 kleine Knoblauchzehe, 2 EL Essig

1 Schweinenetz

Vorbereiten

Schweinsfüße: Die Schweinsfüße von Stoppeln, Haaren und Borsten befreien und einmal kräftig in 1 1/4 l Wasser aufkochen. Aus dem Topf herausnehmen und unter fließendem Wasser abkühlen. Mit Zitrone einreiben und wieder in den Kochtopf

geben. Zusammen mit den Gemüsen und Aromaten und dem Weißwein in zirka 5 Stunden bei geschlossenem Deckel weichkochen.
Anschließend die Schweinsfüße von den Knochen lösen und in 3 cm große Würfel schneiden.
Füllung: Fleisch, Speck und Leber zweimal durch die feine Scheibe des Fleischwolfs drehen, mit Salz, Pfeffer und Muskat würzen und kräftig mit dem Kochlöffel vermengen.
Die Weißbrotscheiben mit Milch anfeuchten, ausdrücken und zu der Fleischmasse geben, ebenso das Ei, Cognac, Petersilie und die gehackte, kurz in Butter angeschwitzte Schalotte. Alle Zutaten gut zu einer nicht zu festen Masse verrühren und zuletzt die in Würfel geschnittenen Schweinsfüße und die Schinkenwürfel hinzufügen.
Einlage: Je nach Wunsch können für die Einlage gehackte oder in Stücke geschnittene Trüffeln oder rohe Gänseleber verwendet werden.
Trüffelstücke in Butter anschmelzen, mit Madeira ablöschen und einkochen lassen.
Die Gänseleber salzen, pfeffern und auf beiden Seiten kurz anbraten.
Linsengemüse: Speck, Zwiebeln, Karotten, Lauch und Kartoffeln in kleine Würfel schneiden. Linsen einweichen.

Zubereiten

Crépinettes: Das gewässerte Schweinenetz wird auf dem Tisch ausgebreitet. Darauf wird die Füllung in 6 Portionen verteilt, in die Mitte jeder Portion werden die Gänseleber oder die Trüffelstücke gegeben; anschließend das Netz darüber zusammenklappen. Die Crépinettes langsam auf dem Holzkohlengrill oder - wenn nicht vorhanden - auch im Ofen garen (ca. 30 Minuten).
Linsengemüse: Die Speckwürfel anrösten, die Gemüse, das Tomatenpüree hinzufügen und mit Geflügelbrühe auffüllen. Die eingeweichten Linsen beigeben und das Ganze aufkochen, dabei den Schaum abschöpfen. Mit Salz und Pfeffer würzen und garkochen.

Anschließend ein Viertel der Linsen im Mixer pürieren und das Linsengemüse damit binden. Zuletzt die gehackten Gewürze und den Essig hinzufügen.

Anrichten

Die Crépinettes werden auf dem Linsengemüse angerichtet.

Medaillons de filets de porc au cumin et bière brune

Schweinemedaillons in Biersauce mit Kümmel

Rezeptur für 4 Personen

Für die Medaillons:

8 Medaillons vom Schweinefilet à 70 g, Salz, weißer Pfeffer aus der Mühle, etwas Mehl, 30 g Butter, 1 EL Olivenöl

Für die Biersauce:

5 große Knoblauchzehen, 20 g Kümmel, 20 g Butter, 1 dl Altbier, 4 EL Fleischglace (siehe Grundrezept Seite 277), weißer Pfeffer aus der Mühle

Vorbereiten

Biersauce: Knoblauch schälen. Anschließend ebenso wie den Kümmel mit etwas Wasser anfeuchten und sehr fein hacken.

Zubereiten

Schweinemedaillons: Die Schweinemedaillons mit Salz und Pfeffer aus der Mühle bestreuen, in Mehl wenden und gut abklopfen.

In einer Pfanne mit dickem Boden Butter und Olivenöl erhitzen, die Medaillons hineinlegen und langsam saftig garbraten. Aus der Pfanne nehmen, auf einer heißen Platte anrichten und warm stellen.
Biersauce: Das Bratfett abschütten und ein nußgroßes Stück Butter in den Bratfond geben. Zusammen mit Knoblauch und Kümmel einige Minuten sacht anschwitzen. Mit Bier ablöschen und vollkommen einkochen. Danach die Fleischglace beigeben, aufkochen lassen und ein nußgroßes Stück Butter einschlagen. Mit viel Pfeffer aus der Mühle würzen. Anschließend durch ein Sieb auf die Medaillons passieren und sofort servieren.

Witzigmann rät,

als Beilage zu den Schweinemedaillons in Biersauce ein Püree aus Kohlsprossen (Rosenkohl) zu reichen.

Carré d'agneau, gratin de navets
tomates farcies aux épinards
dazu:
St. Emilion Château Trotte-Vieille 1971 oder
Brane-Cantenac 1966, Margaux

Les filets mignons de veau à l'oseille, flan de betteraves dazu: Côte de Beaune 1971 oder Auxey Duresses 1969

Sauté de filets mignons de lapin aux manges-touts

Kaninchenfilets in Haselnußbutter mit Erbsenschoten

Rezeptur für 2 Personen

1 Kaninchenrücken von einem jungen Tier, Salz, weißer Pfeffer aus der Mühle, 100 g Erbsenschoten, 2 junge Karotten, 1 Ingwerknolle, 15 g Butter, Saft einer halben Zitrone, 2 EL Petersilie

Für die Haselnußbutter:

30 g gesalzene Butter, 20 g frische Hasel- oder Walnüsse

Vorbereiten

Haut und Sehnen des Kaninchenrückens mit einem spitzen Messer entfernen, die Filets vom Knochen lösen und in 4 cm große Stücke teilen. Mit Salz und Pfeffer bestreuen.
Knochen und Sehnen kleinhacken, anbraten, mit Wasser bedecken und etwa 1 1/2 Stunden kochen lassen. Anschließend durch ein Sieb passieren und bis zur Dickflüssigkeit einkochen.
Erbsenschoten putzen. Karotten ebenfalls putzen und der Länge nach in 2 mm dünne Streifen hobeln.
Die Ingwerknolle in hauchfeine Stückchen schneiden.

Zubereiten

In einer Sauteuse die mit den geriebenen Nüssen vermengte Butter erhitzen, die Kaninchenfilets hineingeben und in 3–4 Minuten rosa braten.
Erbsenschoten und Karottenstreifen in kochendes Salzwasser geben und knackig kochen. Anschließend auf ein Sieb schütten und abtropfen lassen. Schließlich in einigen Butterflocken schwenken und mit etwas Pfeffer abschmecken.

Anrichten

Das Gemüse auf einem heißen Teller anrichten, die Kaninchenfilets darauf anordnen und mit dem Sud aus Knochen und Sehnen beträufeln. 10 g Butter aufschäumen lassen, den gehackten Ingwer hineingeben und die Kaninchenfilets damit übergießen. Zuletzt mit einigen Tropfen Zitronensaft beträufeln und mit der grobgezupften Petersilie bestreuen.

Fricassée de lapin à la ciboulette et poivre rose

Frikassee vom jungen Kaninchen in Schnittlauchsauce mit rotem Pfeffer

Rezeptur für 4 Personen

1 junges Kaninchen (ca. 1 kg), Salz, weißer Pfeffer aus der Mühle, etwas Mehl, 30 g Butter, 3 Schalotten, 2 Knoblauchzehen, 1 kleiner, frischer Thymianzweig

Für die Schnittlauchsauce:

1 Bund Schnittlauch, 25 g gehackte Schalotten, 4 cl Weißwein trocken, 2 EL Estragon-Essig, 2 cl Sahne, 250 g gesalzene Butter, 1 EL Senf, 10 rote Pfefferkörner (im Handel erhältlich)

Gerät:

1 Sauteuse mit dickem Boden

Vorbereiten

Kaninchen-Frikassee: Kaninchenleber und -nieren entfernen. Die Keulen abschneiden und in zwei oder drei Stücke teilen. Die Schulter abtrennen und ebenfalls in zwei Teile schneiden. Der Brustkorb wird mit einer Schere abgeschnitten, Kopf und Hals werden abgehackt. (Diese Teile können für eine Suppe

oder eine Kaninchenbrühe, die wie die Geflügelbrühe im Kapitel »Grundrezepte« zubereitet wird, verwendet werden.)
Mit einem spitzen Messer vorsichtig die Haut vom Rücken des Kaninchens lösen und diesen in 4 cm breite Stücke schneiden.
Sämtliche Fleischstücke mit Salz und Pfeffer bestreuen, in Mehl wenden und gut abklopfen.
Die Schalotten schälen.
Schnittlauchsauce: Schnittlauch waschen und sehr fein hacken.

Zubereiten

Kaninchen-Frikassee: In einer Sauteuse mit dickem Boden die Butter aufschäumen lassen und die Schalotten, die ungeschälten, angeklopften Knoblauchzehen und den Thymianzweig sowie die Fleischstücke hineingeben. Bei mäßiger Hitze auf der Herdplatte oder im Backofen langsam in ca. 15 Minuten saftig rosa braten. Das Fleisch soll nur wenig gebräunt sein. (Die Rückenfleischstücke haben eine kürzere Garzeit. Sie müssen nach etwa 10 Minuten bereits herausgenommen werden.)
Anschließend die Fleischstücke aus der Pfanne nehmen, auf einer Platte anordnen und im vorgewärmten Backofen warm stellen.
Das Bratfett abschütten, 4 cl Wasser zum Fond geben und fast ganz einkochen. Den Bratensatz aus der Pfanne kratzen und durch ein Spitzsieb passieren. Er wird für die Sauce mitverwendet.
Schnittlauchsauce: Während das Kaninchenfleisch gart, wird die Sauce zubereitet.
Dazu die feingehackten Schalotten in ein Tuch geben, zusammenwickeln und die Schalotten unter fließendem Wasser auswaschen. Anschließend auspressen.
Danach Weißwein, Estragon-Essig und den passierten Bratfond zusammen mit den Schalottenwürfeln bis zur Dickflüssigkeit einkochen lassen. Anschließend nach und nach die Sahne und die kalte Butter einschlagen, den Senf, die gut abgespülten roten Pfefferkörner und die Schnittlauchröllchen beigeben und noch einmal pikant abschmecken.

Anrichten

Die Kaninchenfleischstücke werden mit der heißen Schnittlauchsauce übergossen und sofort serviert.

Witzigmann rät,

Kaninchenleber und -nieren mit in die Sauce zu geben. Sie werden gehackt und in Butter kurz angebraten. Man kann sie aber auch ebensogut rosa braten und getrennt servieren.

Lapin en gelée

Junges Kaninchen in Gelee

Rezeptur für 8 Personen

1 junges Kaninchen, 1/2 Kalbsfuß, 250 g Kalbsknochen, 1 Zwiebel, 1 Stange Lauch, 2 Stangen engl. Sellerie, 1 Karotte, 1 kleiner Bund Petersilie, 1 Tomate, 1 kleiner Thymianzweig, 1 Lorbeerblatt, 1/2 Flasche Champagner, 2 l Wasser, Salz, 5 Pfefferkörner, 6 Blatt weiße Gelatine, 20 kleine Karotten, 20 Stückchen Knollensellerie, Saft einer halben Zitrone, 20 Frühlingszwiebeln, 30 g mild geräucherter Speck, weißer Pfeffer aus der Mühle, 1 Prise frischer Thymian, einige Rosmarinnadeln, 1 kleiner Bund Estragon, 1 cl Marc de Bourgogne, 1 dl Champagner

Gerät:

1 Terrinenform

Vorbereiten

Schon am Vortag sollte die Brühe zubereitet werden. Dafür wird das Kaninchen in 8–10 Stücke geschnitten (Schlegel halbieren, Schulter und Rücken ohne Rippen in 3–4 Stücke schneiden).

Den Kopf (vorher die Augen entfernen) sowie die Rippen, Kalbsfuß und die Kalbsknochen für 12 Stunden in eine Mari-

nade aus Zwiebel, Lauch, Sellerie, Karotte, Petersilie, Tomate (alles kleingeschnitten), Thymian, Lorbeerblatt und Champagner legen.
Anschließend das Ganze zusammen mit 2 Litern Wasser in einen Topf geben und langsam etwa 2 Stunden köcheln lassen. (Die Brühe soll klar bleiben.) Salz und in den letzten 10 Minuten die zerdrückten Pfefferkörner beigeben. Danach vorsichtig durch ein Passiertuch drücken.
Das aufsteigende Fett abschöpfen und die in kaltem Wasser eingeweichte Gelatine beigeben und noch einmal kräftig abschmecken.
Karotten und Knollensellerie schälen, in Stücke schneiden und olivenförmig abrunden. Knollensellerie vorher mit Zitronensaft beträufeln. Die jungen Frühlingszwiebeln schälen - das Grüne wird hier nicht mitverwendet.
Den Speck in 3 cm lange und 1 cm dicke Streifen schneiden. Anschließend einmal in Wasser aufkochen und danach kalt abspülen.
Die Kaninchenfleischstücke mit Salz und viel weißem Pfeffer aus der Mühle bestreuen. Thymian, Rosmarin, Estragon und Marc de Bourgogne miteinander vermengen und die Fleischstücke darin etwa eine Stunde marinieren.

Zubereiten

Eine Terrinenform mit den Speckstreifen auslegen, Gemüse und Fleischstücke darauf verteilen und mit Champagner und der gestockten Brühe auffüllen. Mit Silberfolie abdecken, den Deckel aufsetzen und im auf 180° vorgeheizten Backofen im Wasserbad zwei Stunden garen. Anschließend für mindestens 12 Stunden in den Kühlschrank stellen.

Anrichten

Die einzelnen Portionen werden mit einem Löffel ausgestochen und mit getoastetem Weißbrot serviert.

Witzigmann rät

Dieses Gericht schmeckt vor allem köstlich und erfrischend an heißen Sommertagen.

LES ABATS

Innereien

Innereien sind wichtige Ingredienzien einer anspruchsvollen, originellen und abwechslungsreichen Speisenfolge; dabei nehmen das zarte Kalbsbries aber auch Herz, Niere, Zunge und natürlich Hirn einen besonderen Platz ein.

Délice de ris de veau Rumohr

Délice de ris de veau Rumohr

Kalbsbries Rumohr

Rezeptur für 4 Personen

500 g Kalbsbries, Salz, weißer Pfeffer aus der Mühle, 1 Zitrone, 400 g Lauch, 1 dl Crème double, 1 Eigelb, 4 frische schwarze Trüffeln à 30 g, 1 dl Madeira, 4 Scheiben frische Gänseleber à 50 g, 50 g Butter, 1 TL Cognac, 4 Scheiben Parmaschinken

Für den ausgezogenen Strudelteig:

250 g Mehl, 2,5 cl Öl, 1/8 l Wasser, 1 Ei, Salz

Für die Champagnersauce:

1 dl stark reduzierter Geflügelfond (siehe Grundrezept Seite 279), 1 dl Noilly Prat, 1 dl Champagner brut, 12 zerdrückte grüne Pfefferkörner, 1 Schalotte, 2 dl Crème double, 100 g Butter, Trüffelfond

Gerät:

1 schwere Kupferpfanne, 1 Kasserolle, Backblech

Vorbereiten

Bries: Am Vortag die gewässerten Briesrosen in kaltes Salzwasser geben und zum Aufwallen bringen, ca. 10 Minuten ziehen lassen. Anschließend unter kaltem, fließendem Wasser abschrecken und danach das Bries von sämtlichen knorpeligen und häutigen Teilen säubern. Zwischen zwei Teller legen, mit einem Gewicht beschweren und über Nacht pressen.
Am Tag selbst das Bries in 50 g schwere Medaillons schneiden, leicht mit Salz, Pfeffer und Zitronensaft marinieren.
Lauch: Das Grüne vom Lauch in feinste Streifen schneiden, zweimal in viel Wasser waschen und danach in kochendem, stark gesalzenem Wasser ca. 2 Minuten überbrühen. Auf einem

Drahtsieb im Eiswasser abschrecken, auf ein Haarsieb schütten und in einer Serviette gut ausdrücken.
In einer Kasserolle mit dickem Boden 1 dl Crème double zur Hälfte einkochen lassen, die blanchierten Lauchstreifen beigeben und einmal kräftig aufkochen lassen. Von der Herdplatte nehmen, mit Eigelb binden - nicht mehr kochen lassen. Kalt stellen.
Trüffeln: Die gebürsteten und gewaschenen Trüffeln in ca. 1 cm dicke Scheiben schneiden und mit 1 dl Madeira ca. 3 Minuten dünsten. Den gewonnenen Trüffelsud abschütten und für die Sauce zurückstellen.
Gänseleber: Die frische Gänseleber in ca. 50 g schwere Scheiben schneiden - möglichst in gleicher Form wie das Bries - und in heißer, geklärter Butter ganz rasch und kurz auf beiden Seiten anbraten.
Aus der Pfanne nehmen und mit einigen Tropfen Cognac beträufeln. Leicht mit Salz und Pfeffer bestreuen.
Strudelteig: siehe Grundrezept Seite 285.

Zubereiten

Strudelteig: Der hauchdünn ausgezogene Strudelteig wird in Quadrate zu 20 × 20 cm eingeteilt und jedes Quadrat in Randnähe mit einer hauchdünn geschnittenen Scheibe Parmaschinken belegt. Das Bries, die Trüffelscheiben und die Gänseleber darauflegen und mit ca. 50 g Lauchgemüse oben und seitlich bedecken. Der Parmaschinken wird darübergeklappt. Das Ganze vorsichtig zweimal in den Teig rollen. Der überflüssige Teig wird abgetrennt, die Teigenden werden mit Ei bestrichen und dann nach unten eingeschlagen. Im vorgeheizten Backofen (220°) 35 Minuten backen.
Sauce: In einer schweren Kupferpfanne werden in der Zwischenzeit der Geflügelfond, Noilly Prat, 1/2 dl Champagner, die zerdrückten Pfefferkörner und die gehackte Schalotte bis zur Dickflüssigkeit eingekocht. Man gibt die Crème double hinzu und kocht alles zu einer sämigen Sauce. Dann wird, nachdem man den Topf von der Herdplatte genommen hat, die Butter hineingeschlagen und der restliche Champagner sowie der Trüffelsud dazugegeben. Nicht mehr kochen lassen, abschmekken.

Anrichten

Das fertiggebackene Bries auf tiefen, vorgewärmten Tellern anrichten und mit der Champagnersauce übergießen. (Foto Seite 165)

Cassolette de tête de veau au safran

Kalbskopf mit Zunge und Hirn in Safransauce

Rezeptur für 6 Personen

Für das Frikassee:

*1/2 frischer Kalbskopf, 2 Zitronen, 2 EL Kartoffelmehl,
1 Kalbszunge, 1 Zwiebel, 1 Lorbeerblatt, 2 Gewürznelken,
1 Thymianzweig, einige Petersilienstengel, 100 g engl. Sellerie,
1 Karotte, 1 Kalbshirn, 2 EL Estragon-Essig, Salz,
weißer Pfeffer aus der Mühle*

Für die Sauce:

*500 g vollreife Tomaten, 3 Schalotten, 10 g Butter, 30 Safranfäden,
2 EL frischer, gehackter Estragon, 2 cl Xérès-Essig,
4 cl Crème fraîche, Salz, weißer Pfeffer aus der Mühle,
1 große Salzgurke*

Vorbereiten

Frikassee: Den Kalbskopf sauber putzen, auslösen und in 4 cm große Stücke schneiden (das Lappige wegschneiden). In mit Zitrone versetztem Wasser einmal aufkochen. Herausnehmen, kalt abspülen und mit Zitronensaft beträufeln.
In einen Topf geben und mit Wasser bedecken, das vorher mit Kartoffelmehl gebunden wurde. Die Zunge und sämtliche Aromaten hinzufügen (die Zwiebel mit Lorbeerblatt und Nelken spicken; Thymian, Petersilie, Sellerie und Karotte zu einem

Bündel zusammenbinden) und in ca. 40 Minuten weichkochen.
Das Hirn wässern, unter fließendem Wasser die Haut abziehen und in Essig-Salz-Wasser in 5 Minuten garziehen.
Sauce: Die Tomaten überbrühen, enthäuten, vierteln, entkernen und in Würfel schneiden. Die Schalotten schälen und hacken.

Zubereiten

Sauce: Schalotten in Butter zusammen mit den Safranfäden kurz andünsten. Dann mit Estragon und Essig in einen Topf geben und das Ganze völlig einkochen lassen. Tomatenwürfel hinzufügen und einkochen, bis alle Flüssigkeit verdunstet ist. Sahne beigeben und nun nicht mehr kochen lassen. Mit Salz und Pfeffer pikant abschmecken. Die entkernte und in kleine Würfel geschnittene Salzgurke beigeben.
Die Kalbskopfstücke, Zunge und Hirn aus dem Sud nehmen. Abtropfen lassen. Zunge schälen und in Scheiben schneiden, das Hirn in Stücke schneiden. Alles in die Sauce geben und ziehen lassen.

Anrichten

Als reizvoller Kontrast zur Safransauce empfiehlt es sich, zum Schluß einige knackig gekochte grüne Bohnen ins Frikassee zu geben.

Rognon de veau sauté à la duxelle de cêpes au Chablis

Kalbsnieren und gehackte Steinpilze in Chablis

Rezeptur für 2 Personen

2 kleine Kalbsnieren à ca. 140 g, 140 g kleine, feste Steinpilze, 1 Schalotte, 1 EL Estragon, 1 EL Olivenöl, 50 g Butter, 1 EL Cognac, Salz, weißer Pfeffer aus der Mühle, 4 cl Chablis, 1 EL Dijoner Senf

Vorbereiten

Die Nieren entfetten, entnerven und in ca. 2 cm große Würfel schneiden. Steinpilze putzen - möglichst nicht waschen - und grob hacken. Schalotte sehr fein hacken. Estragon zupfen.

Zubereiten

In einer kleinen Kasserolle Olivenöl und ein nußgroßes Stück Butter hellbraun aufschäumen lassen, die Nierenwürfel hinzufügen und in ca. 3 Minuten rasch rosa rösten. Mit Cognac ablöschen, auf ein Sieb geben und leicht mit Salz und Pfeffer aus der Mühle bestreuen.

Das Bratfett abschütten. Ein Stück Butter (10 g) zum Bratfond geben und aufschäumen lassen. Darin die Schalottenwürfel anschwitzen, ohne daß sie Farbe annehmen. Mit Chablis ablöschen (2 Eßlöffel reservieren) und völlig einkochen lassen. Nun die gehackten Steinpilze dazugeben und anrösten, bis das Wasser völlig verdunstet ist. Dann die Nieren, den Senf und die Estragonblätter hinzufügen und die restliche eiskalte Butter einrühren. Alles heißschwenken, jedoch nicht mehr kochen. Nochmals kräftig mit Pfeffer aus der Mühle bestreuen und zuletzt den restlichen Chablis beigeben. Sofort servieren.

Coeur de veau farci

Kalbsherz gefüllt

Rezeptur für 6 Personen

1 kleines Kalbsherz, Salz, Pfeffer, 20 g Butter, 3 EL Olivenöl, 2 dl Champagner, 1 Gewürzsträußchen (bouquet garni aus Petersilienstengeln, etwas Sellerie, Lorbeerblatt)

Für die Füllung:

4 Toastbrotscheiben, 4 cl Milch, 100 g mageres Schweinefleisch, 100 g Kalbfleisch, 100 g fetter Schinkenspeck, 2 EL gehackte Petersilie, Salz, weißer Pfeffer, Muskat, 50 g getrocknete oder 100 g frische Steinpilze, 1 Schalotte, 20 g Butter, 100 g rohes Kaßler

Für die Garnitur:

20 kleine Zwiebeln, 20 junge Karotten

Gerät:

1 Schweinenetz, Küchengarn, 1 gußeiserner Topf

Vorbereiten

Kalbsherz sauber waschen, von Adern und Röhren befreien, bis zur Hälfte aufschneiden. Schweinenetz gründlich wässern.
Füllung: Die Toastbrotscheiben werden entrindet und in lauwarmer Milch eingeweicht.
Das Schweine- und Kalbfleisch von Sehnen befreien und zusammen mit dem Schinkenspeck zweimal durch die feine Scheibe des Fleischwolfs drehen. Das eingeweichte Toastbrot ausdrücken und zusammen mit der gehackten Petersilie zum Fleisch geben. Kräftig mit Salz, Pfeffer und Muskat würzen.
Die getrockneten Steinpilze einweichen, ausdrücken und mit der kleingehackten Schalotte in Butter anschmelzen. Mit Salz und Pfeffer bestreuen und abkühlen lassen.

Das Kaßler (Fett entfernen) in 1 cm große Würfel schneiden.
Die abgekühlten Pilze und die Kaßler-Würfel zur Füllung geben und nun alles kräftig vermengen, so daß eine geschmeidige Masse zum Füllen des Kalbsherzes entsteht.
Das Kalbsherz auseinanderklappen, mit der Farce füllen, mit Küchengarn fest zunähen, in das Schweinenetz wickeln und mit Salz und Pfeffer bestreuen.

Zubereiten

In einem gußeisernen Topf erhitzt man Butter und Olivenöl, brät das Herz langsam an, fügt die kleinen, geschälten Zwiebeln für die Garnitur bei, bis sie eine hellbraune Farbe haben, löscht mit dem Champagner ab, gibt das Gewürzsträußchen dazu und gart das Kalbsherz zugedeckt im vorgeheizten Ofen (180°) ca. 3 Stunden lang.
Nach einer halben Stunde nimmt man die kleinen Zwiebeln heraus und gibt sie erst wieder zusammen mit den vorher in Dampf gegarten, geschälten Karotten 10 Minuten vor Fertigstellung des Kalbsherzes dazu.
Während des Garens immer wieder mit wenig Wasser ablöschen.

Anrichten

Das gefüllte Kalbsherz wird aus dem Bratentopf genommen – Netz und Bindfaden werden entfernt –, auf eine vorgewärmte Platte gegeben und mit den Zwiebeln und Karotten umlegt; die ausgetretene Bratensauce wird entfettet und über das Gericht gegossen.

Witzigmann rät

Reichen Sie zum gefüllten Kalbsherz ganz junge Kartoffeln.

Les escalopes de foie d'agneau de lait, accompagnées d'une salade d'asperge

Gebratene Milchlammleber-Scheiben mit Spargelsalat

Rezeptur für 2 Personen

Für die Milchlammleber:

2 EL Olivenöl, 1 EL Butter, 4 Scheiben Milchlammleber à 50 g, 1 Prise frische Thymiannadeln, Salz, weißer Pfeffer aus der Mühle, 1 Schalotte, 4 cl Beaujolais, 1 EL Fleischglace (siehe Grundrezept Seite 277)

Für den Spargelsalat:

120 g weiße Spargelspitzen, Salz, 1 EL Estragon, 3 EL saure Sahne (oder Joghurt), 2 EL süße Sahne, weißer Pfeffer aus der Mühle, 1 Spritzer Zitronensaft

Vorbereiten

Spargelsalat: Die Spargelspitzen in starkem Salzwasser knackig kochen. Anschließend in Eiswasser abkühlen und abtrocknen. Den Estragon waschen und zupfen.

Zubereiten

Milchlammleber: Das Olivenöl und ein nußgroßes Stück Butter hellbraun aufschäumen lassen, die Milchlammleber einlegen und auf kleiner Flamme rosa braten. Mit einer Prise Thymiannadeln, Salz und Pfeffer bestreuen und warm stellen.
Das Bratenfett abschütten, die gehackte Schalotte beigeben und kurz anschwitzen, ohne daß sie Farbe annimmt. Mit Beaujolais ablöschen und beinahe ganz einkochen lassen. Die Fleischglace beigeben und die restliche Butter einrühren.
Spargelsalat: Die Sahne mit Salz, weißem Pfeffer aus der Mühle, Zitronensaft und dem gezupften Estragon verrühren und pikant abschmecken. Zuletzt die Spargelspitzen vorsichtig untermischen.

Anrichten

Auf einem vorgewärmten Teller wird die Milchlammleber angerichtet und mit der Sauce übergossen. Den Spargelsalat getrennt servieren.

Witzigmann rät,

den Spargelsalat statt mit der Zitronen-Sahne-Sauce auch einmal mit einem Nußöl-Dressing zu versuchen.

Foie de veau poêlé au cassis

Kalbsleber in Schwarzer-Johannisbeer-Sauce

Rezeptur für 4 Personen

1 EL Olivenöl, 1 EL Butter, 4 Scheiben Kalbsleber à 120 g, etwas Mehl, Salz, weißer Pfeffer

Für die Schwarze-Johannisbeer-Sauce:

150 g schwarze Johannisbeeren, 1 EL weißer Essig, 4 cl Sahne, 1 Mokkalöffel Senf, 30 g Butter, 1 EL Cassis-Likör, Salz, Pfeffer

Vorbereiten

Die schwarzen Johannisbeeren werden gewaschen, abgezupft und ein Viertel davon im Ganzen aufbewahrt. Der Rest wird durch ein Haarsieb gestrichen und der Saft dabei aufgefangen.

Zubereiten

In einer Pfanne das Olivenöl zusammen mit einem Eßlöffel Butter zum Aufschäumen bringen. Die Leberscheiben, die vorher in Mehl gewendet und gut abgeklopft werden, in die Pfanne geben und pro Seite ca. 1 Minute braten, bis sie außen hellbraun und innen noch rosa sind; salzen und pfeffern.

Die Leberscheiben aus der Pfanne nehmen und warm stellen. Das Bratfett wird abgegossen. Nun den Essig in die Pfanne geben, verdunsten lassen und den Johannisbeer-Saft angießen. Wenn er fast eingekocht ist, die Sahne beifügen und rasch dickflüssig einkochen lassen. Anschließend die Butter und den Senf einschwenken, den Cassis-Likör und die zurückbehaltenen Johannisbeeren dazugeben und die Sauce mit Salz und Pfeffer kräftig abschmecken.

Anrichten

Die Leberscheiben auf einer vorgewärmten Platte anrichten, mit der Johannisbeer-Sauce umgießen und sofort servieren.

Witzigmann rät,

die Kalbsleber auch einmal mit kleinen Speckwürfeln und frischen Salbeiblättern (oder frischem Majoran) zu versuchen.

Savarins de cresson aux foies de volailles

Savarins aus Brunnenkresse mit gebratener Masthuhnleber

Rezeptur für 4 Personen

Für die Savarins:

180 g Brunnenkresse, 60 g Spinat, 3 g Schalotten, 1/2 Knoblauchzehe, 25 g Butter, 1 Ei, 4 cl Sahne, Salz, Pfeffer, Muskat

Für die Masthuhnlebern:

12–16 frische Masthuhnlebern, 1 Schalotte, 1 EL Olivenöl, 20 g Butter, Salz, Pfeffer, 2 cl Madeira, 4 cl Trüffelsauce, Pfeffer aus der Mühle

Gerät:

4 Savarin-Förmchen von 9,5 cm Durchmesser, 2 cm hoch

Vorbereiten

Die Brunnenkresse und der Spinat werden von den groben Stielen befreit, gründlich gewaschen und in stark gesalzenem Wasser getrennt aufgekocht. Dann wird der Spinat abgegossen, mit kaltem Wasser abgeschreckt und leicht ausgedrückt. Die Schalotte und den Knoblauch schälen, hacken und in einem Teil der Butter anschmoren. Dann fügt man die Kresse bei und dünstet alles zusammen ca. 10 Minuten. Anschließend püriert man das Gemüse zusammen mit dem Ei und der Sahne im Mixer und schmeckt mit Salz, Pfeffer und Muskat ab. Die Savarin-Förmchen werden mit der restlichen Butter eingefettet.

Man füllt die Masse ein und gart sie im vorgeheizten Ofen im Wasserbad bei 180° ca. 45 Minuten. Nach der Backzeit und vor dem Stürzen sollten die Savarins mindestens 10 Minuten ruhen.

Masthuhnlebern: Sie werden von der Galle befreit und in der Mitte geteilt. Die Schalotten schälen und sehr fein hacken.

Zubereiten

In einer Pfanne erhitzt man das Olivenöl und die Hälfte der Butter, gibt die Leber dazu und brät sie rosa. Dann fügt man die Schalotte bei, bestreut mit Salz und Pfeffer, schwenkt alles einmal durch und nimmt die Leber aus der Pfanne.
Nun gießt man das Bratenfett weg, löscht mit Madeira ab, läßt einkochen und gießt dann die Trüffelsauce an. Wenn die Sauce sämig geworden ist, gibt man im letzten Moment die Leber hinein, läßt die restliche Butter darin schmelzen und bestreut mit etwas Pfeffer aus der Mühle.

Anrichten

Die Savarinförmchen werden auf vorgewärmte Teller gestürzt und die Masthuhnleber in die Ringe gefüllt. Das Gericht sofort servieren.

Witzigmann rät

Anstelle der Masthuhnleber können Sie ebensogut ein Ragout aus Rehfilet oder Froschschenkeln reichen.

Chiffonade de choux rouge au foie gras frais chaud

Rotkohl mit frischer warmer Gänseleber

Rezeptur für 4 Personen

Für den Rotkohl:

200 g Rotkohl, 1 Apfel, 1 EL Zitronensaft, 2 dl guter Rotwein, 1 Nelke, 4 Stück Würfelzucker, 3 EL Wasser, 1 EL Xérès-Essig, 1 EL Gänse- oder Entenfett, 1 Zwiebel, Salz, weißer Pfeffer aus der Mühle, 10 Maronen, 1 Messerspitze Zimt

Für die Schalottenreduktion:

2 Schalotten, 4 cl Traubensaft (Flasche), 4 cl Weißwein, 1 EL Xérès-Essig

Für die Gänseleber:

4 Scheiben rohe frische Gänseleber à 60 g, Salz, weißer Pfeffer, etwas Mehl zum Wenden, 1 TL Gänseschmalz

Vorbereiten

Rotkohl: Die starken Rippen der Rotkohlblätter entfernen, den Apfel schälen und entkernen. Rotkohlblätter und Apfel in feine Scheiben schneiden.
Aus Zitronensaft, Rotwein und Nelke eine Marinade bereiten und die Rotkohl- und Apfelstreifen darin eine Nacht ziehen lassen (mit einem Teller beschweren).

Zubereiten

Rotkohl: Wasser mit den Zuckerstücken einkochen und karamelisieren lassen. Mit Essig ablöschen und völlig verdunsten lassen. Das Gänsefett und die gehackte Zwiebel hinzufügen und kurz anrösten. Die Rotkohlstreifen aus der Marinade beigeben und alles zusammen dünsten.
Mit Salz und Pfeffer würzen, mit der Rotwein-Marinade auffüllen und zugedeckt sehr langsam nicht zu weich garen. Zum

Schluß gekochte Maronenstücke und Zimt dazugeben.
Schalottenreduktion: Schalotten waschen und hacken und mit Traubensaft, Weißwein und Essig zu einer sämigen Masse einkochen.
Gänseleber: Die Gänseleberscheiben mit Salz und Pfeffer bestreuen, in Mehl wenden, abklopfen und in wenig erhitztem Gänsefett goldgelb, innen jedoch noch rosa, braten.

Anrichten

Den Rotkohl auf die heißen Teller verteilen, darauf die gebratenen Gänseleberscheiben setzen und diese mit der Schalottenreduktion bestreichen. Sofort sehr heiß servieren.

Tripes au champagne

Kutteln in Champagnersauce

Rezeptur für 4 Personen

600 g Rinderkutteln, 1 Zwiebel, 2 Lorbeerblätter, 2 Nelken, 1 l Geflügelbrühe

Für die Sauce:

50 g getrocknete oder 200 g frische Morcheln, 100 g Lauch, 60 g engl. Sellerie, 100 g Zwiebeln, 70 g Butter, 4 cl Champagner, 4 cl Weißwein, 20 g Tomatenwürfel, 5 g Petersilie, 2 g Majoran, 2 Knoblauchzehen, 10 g Thymian, 80 g Crème double, 50 g Butter

Vorbereiten

Die Kutteln in feine Streifen schneiden. Die Zwiebel schälen, mit Lorbeerblättern und Nelken spicken und zusammen mit den Kutteln kurze Zeit in der Geflügelbrühe kochen. Dann beides aus dem Fond nehmen. Die Brühe beiseite stellen.

Sauce: Getrocknete Morcheln einweichen und dann in Scheiben schneiden. Lauch und Sellerie putzen und in Streifen schneiden. Beides zusammen mit den Morcheln kurz blanchieren. Die Zwiebeln schälen und hacken.

Zubereiten

Die Zwiebeln in 20 g Butter andünsten, das blanchierte Gemüse und die Kutteln beifügen und mit Champagner und Weißwein ablöschen. Nun fügt man die geschnittenen Tomatenwürfel sowie die gehackte Petersilie, den Majoran und die zerkleinerten Knoblauchzehen zu. Inzwischen kocht man den Fond gut ein, gibt den Thymian dazu, gießt die Crème double an und würzt, falls nötig, etwas nach. Dann schwenkt man die restliche Butter ein und fügt die Sauce den Kutteln bei.

Nouilles fraîches au ragout d'amourettes au curry

Hausgemachte Nudeln mit Rückenmarkragout in Currysauce

Rezeptur für 4 Personen

Für die Nudeln:

400 g Mehl, 4 große Eier, Salz, 3 EL Olivenöl

Für das Rückenmarkragout:

200 g Kalbsrückenmark, 1 kleiner saurer Apfel (ca. 30 g),
30 g engl. Sellerie, 1 kleine Zwiebel, 20 g Butter,
1 kleine Knoblauchzehe, 1 kleiner Thymianzweig,
1 Mokkalöffel Currypulver, 1 1/2 dl kräftige Geflügelbrühe
(siehe Grundrezept Seite 279), 1 dl Sahne, Salz, Cayennepfeffer,
einige Tropfen Zitronensaft

Vorbereiten

Nudeln: Das Mehl sieben und kreisförmig auf ein Backbrett schütten. In eine Vertiefung Eier und Salz geben und von der Mitte aus mit dem Mehl vermengen. Rasch zu einem glatten Teig kneten. Anschließend deckt man den Teig mit einem Tuch ab und läßt ihn eine Weile ruhen. Danach wird er in vier Teile geschnitten und mit einem Rollholz nudeldick ausgerollt. Eine halbe Stunde ruhen lassen. Danach werden die Teigfladen von links und rechts zur Mitte hin zusammengeschlagen und in 1 cm breite Streifen geschnitten. Bis zur Verarbeitung auf ein Tuch streuen.
Rückenmarkragout: Das Rückenmark unter fließendem Wasser gründlich reinigen.
Apfel schälen, entkernen und in kleine Würfel schneiden. Das Weiße vom Sellerie und die Zwiebel ebenfalls in kleine Würfel schneiden.

Zubereiten

Rückenmarkragout: Die Butter in einer Kasserolle zusammen mit der ungeschälten, angeklopften Knoblauchzehe und dem Thymianzweig aufschäumen lassen, Sellerie- und Zwiebelwürfel beigeben und etwa 30 Minuten anschwitzen, ohne daß sie Farbe annehmen.
Danach Curry und Apfelwürfel hinzufügen und noch einmal 10 Minuten dünsten. Die Zutaten sollen jedoch keine Farbe annehmen.
Anschließend nimmt man die Knoblauchzehe und den Thymianzweig heraus, füllt mit Geflügelbrühe auf und läßt sie zur Hälfte einkochen. Zuletzt die Sahne unterziehen und noch einmal erhitzen. Mit Salz und Cayenne wird die Sauce abgeschmeckt.
Das gereinigte Rückenmark wird in 2 cm lange Stücke geschnitten und in kaltem, mit einigen Tropfen Zitronensaft versetztem Salzwasser einmal zum Aufkochen gebracht. Abschütten und abspülen und zur Sauce geben.
Nudeln: Nun werden die Nudeln in reichlich Salzwasser, dem 2 EL Olivenöl beigegeben wurden, abgekocht. Sie sollen noch

Biß haben. Anschließend auf ein Sieb schütten und mit etwas Olivenöl beträufeln. Gut durchschwenken.

Anrichten

Die Nudeln werden auf vier heiße, tiefe Teller verteilt. In die Mitte gibt man das brennendheiße Rückenmarkragout und serviert sofort.

Witzigmann rät,

die frischen Nudeln auch einmal anders zu versuchen: z.B. begleitet von einer Tomatensauce mit viel schwarzen Trüffeln und grob gehackter Hühnerleber, die kurz angebraten und dann in die Sauce gegeben wird; oder mit Butter und Sahne gebunden und ergänzt durch grüne Erbsen (die ausnahmsweise aus der Tiefkühltruhe kommen können) und roh geriebene weiße Trüffeln.

LES VOLAILLES

Geflügel

Geflügel, das den hier beschriebenen delikaten Kreationen zugrunde liegt, Masthuhn, Perlhuhn, Wachtel, Taube, Ente, Truthahn, sollte stets tadellos und frisch sein. Dazu ein geflügeltes Wort: Auf dem Weg zur Vollkommenheit eines Gerichts sind die wichtigsten Wegmarken Qualität und Frische.

L'aile de pintadeau sur rondelles de carottes et raisins

Sauté de poularde aux gousses d'ails et romarin

Masthuhnsauté mit Knoblauch und Rosmarin

Rezeptur für 4 Personen

1 frisches Masthuhn (möglichst aus der Bresse), Salz, Pfeffer aus der Mühle, 2 EL Mehl, 4 cl Olivenöl, 30 frische Knoblauchzehen, 1 frischer Thymianzweig, 1 frischer Rosmarinzweig, 1 bouquet garni (1 Lorbeerblatt, einige Petersilienstengel, 100 g engl. Sellerie, zusammengebunden), 1 Stange Flute (franz. Weißbrot), etwas Olivenöl

Vorbereiten

Das Masthuhn wird ausgenommen, abgeflämmt, in 8 Teile zerlegt, gesalzen, gepfeffert und in Mehl gewälzt, sodann abgeklopft und in heißem Olivenöl langsam auf beiden Seiten angebraten, so daß es leicht Farbe annimmt.

Zubereiten

Nun legt man die ungeschälten Knoblauchzehen sowie alle Aromaten um das Masthuhn, deckt mit einer Silberfolie vollkommen ab und gart es bei geschlossenem Deckel im vorgeheizten Backofen (180°) etwa 50 Minuten. Von dem Stangenbrot 1/2 cm dicke Scheiben abschneiden, mit Olivenöl beträufeln und hellbraun toasten. Die Knoblauchzehen aus dem Brattopf heben, einige ganz lassen, die übrigen durch ein Sieb passieren und auf die getoasteten Flute-Scheiben streichen.

Anrichten

Die Masthuhnstücke auf einer Platte anrichten (heiß halten); den Bratensatz mit etwas Wasser ablösen und zum Kochen bringen, dann über die Poulardenstücke passieren. Die Knoblauchzehen und die knoblauchbestrichenen Flute-Scheiben herumlegen. Sofort servieren.

Blanc de poularde au Roquefort

Masthuhnbrust mit Roquefort-Sauce

Rezeptur für 2 Personen

Für die Masthuhnbrust:

3 Toastbrotscheiben ohne Rinde oder Brioche, 2 mittelgroße Tomaten, 2 frische Masthuhnbrüste, Salz, weißer Pfeffer aus der Mühle, 50 g Butter, 1 EL Olivenöl, 1 Thymianzweig, frisch, 150 g Blattspinat, Muskat, 1 ungeschälte Knoblauchzehe

Für die Roquefort-Sauce:

30 g Roquefort, 1 Schalotte, 2 cl trockener Weißwein, 2 cl Noilly Prat, 4 cl Geflügelbrühe ungesalzen (siehe Grundrezept Seite 279), 4 cl doppelte Sahne (Crème double), 15 g feinste Tafelbutter, 1 TL Gin oder Wodka

Vorbereiten

Masthuhnbrust: Die Toastbrotscheiben werden durch ein grobes Haarsieb gedrückt.
Tomaten 3 Sekunden in kochendes Wasser tauchen, in Eiswasser abschrecken und die Haut abziehen. Tomaten vierteln und entkernen.
Masthuhnbrüste vorsichtig am Flügelknochen etwas fachklopfen und leicht mit Salz und Pfeffer aus der Mühle bestreuen.
In einer Kasserolle 10 g Butter und 1 EL Olivenöl erhitzen, den Thymianzweig hinzufügen und die Masthuhnbrüste darin langsam auf jeder Seite ca. 5 Minuten leicht rosa braten.
Den geputzten und entstielten Spinat waschen. In kochendem Salzwasser aufwallen lassen. Auf ein Sieb schütten und leicht auspressen.
20 g Butter in einer Kasserolle leicht bräunen, den Spinat beigeben, mit Salz, Pfeffer, Muskat und der auf eine Gabel gesteckten Knoblauchzehe würzen. Heißrühren.
Roquefort-Sauce: Den Roquefort durch ein Haarsieb passieren, die Schalotte fein hacken.

Zubereiten

Masthuhnbrust: Die fertig gebratenen Masthuhnbrüste in eine andere Kasserolle legen und mit dem Spinat bedecken. Darauf die Tomatenviertel setzen. Leicht mit Salz und Pfeffer würzen und einige Thymiannadeln darüberstreuen. Obenauf das geriebene Toastbrot geben. 20 g Butterflöckchen daraufsetzen und im heißen Backofen (nur mit Oberhitze) goldgelb überbacken.
Roquefort-Sauce: Die Sauce wird in der Kasserolle, in der die Masthuhnbrüste gebraten wurden, zubereitet. Zunächst den Thymianzweig herausnehmen und das Bratenfett abschütten. Schalottenwürfel in die Pfanne streuen und etwas Farbe nehmen lassen. Mit Weißwein und Noilly Prat ablöschen und völlig einkochen lassen. Den Geflügelfond hinzufügen und bis zu dickflüssiger Konsistenz reduzieren. Die Sahne unterrühren und aufkochen; zuletzt den Roquefort, die eiskalte Butter und den Gin beigeben und alles zu einer sämigen Sauce schlagen, die aber nicht kochen darf.

Paire de cailles farcies sur choux vert

Gefüllte Wachteln auf Wirsingpüree

Rezeptur für 4 Personen

Für die Wachteln:

8 Wachteln, 30 g Butter, 1 EL Olivenöl, 10 Wacholderbeeren

Für die Trüffeln:

120 g Trüffeln, 20 g Butter, 4 cl Madeira,
2 EL Fleischglace (siehe Grundrezept Seite 277), Salz,
weißer Pfeffer aus der Mühle

Für die Füllung:

Leber, Herz und Lunge der Wachteln, 1 Schalotte, 60 g Butter, je 1 Prise Majoran und Thymian, Salz, weißer Pfeffer aus der Mühle, 1 EL Olivenöl, 100 g Toastbrotwürfel, 30 g Apfelwürfel, 1 EL Calvados, 4 cl Sahne, 1 Eigelb

Für die Gänseleber:

120 g frische Gänseleber, 10 g Butter, Salz, weißer Pfeffer aus der Mühle

Für das Wirsingpüree:

1 Wirsing (ca. 1 kg), Salz, 30 g geräucherter Schweinebauch, 1 Zwiebel (50 g), 1 Knoblauchzehe, weißer Pfeffer, Muskat, 1 Prise Majoran, 4 cl Sahne, frische Petersilie

Gerät:

Silberfolie

Vorbereiten

Wachteln: Die Wachteln vom Rücken aus auslösen, Leber, Lunge und Herz beiseitelegen. Das Gerippe (Karkasse) auslösen, den oberen Schenkelknochen herausziehen.
Trüffeln und Gänseleber in 2 cm große Stücke schneiden.
Füllung: Wachtelleber, -lunge und -herz fein hacken, Schalotte ebenfalls sehr fein hacken. Nun die Innereien in einem Teelöffel brauner Butter anziehen lassen und die Schalottenwürfel beigeben. Mit Majoran, Thymian, Salz und Pfeffer aus der Mühle würzen und kalt stellen.
1 Eßlöffel Olivenöl und 10 g Butter erhitzen und darin 20 g Toastbrotwürfel knusprig braun braten. Anschließend auf ein Sieb schütten und abkühlen lassen.
Die Apfelwürfel in wenig Butter anschwitzen, mit Calvados ablöschen und ebenfalls kühl werden lassen.
Die restlichen Toastbrotwürfel (80 g) mit der angewärmten Sahne anfeuchten. Anschließend 30 g Butter schaumig rühren, Eigelb und die eingeweichten Weißbrotwürfel beigeben und die vorbereiteten Wachtelinnereien, die gerösteten Weißbrot-

würfel und die in Calvados gedämpften Apfelstücke untermengen.
Nun werden die Wachteln mit dieser Masse gefüllt und wieder in ihre ursprüngliche Form gebracht.
Wirsingpüree: Siehe Rezept Seite 243.

Zubereiten

Wachteln: Jede Wachtel wird nun auf eine quadratische Folie gesetzt, die rundherum 1 cm hoch eingeschlagen ist, und in halb Butter, halb Olivenöl zusammen mit den Wacholderbeeren und den kleingehackten Wachtelkarkassen im vorgeheizten Backofen bei 250° in ca. 15–20 Minuten knusprig gebraten. Danach die Wachteln herausnehmen und warm stellen. Das Fett abschütten, den Bratensatz mit Wasser ablöschen und ihn durch ein Spitzsieb passieren.
Trüffeln: Die Trüffelwürfel in 10 g Butter anschwitzen, mit Madeira ablöschen, die Fleischglace und den Bratensatz von den Wachteln beigeben und mit einem nußgroßen Stück Butter aufmontieren. Anschließend salzen und pfeffern.
Gänseleber: Die Gänseleberstücke rasch in wenig Butter in einer Pfanne mit dickem Boden rosa anbraten. Ebenfalls salzen und pfeffern.

Anrichten

Auf vorgewärmten Tellern wird das Wirsingpüree verteilt. Darauf setzt man je zwei Wachteln und legt die Gänseleber- und Trüffelstücke kreisförmig herum. Zuletzt mit der Sauce begießen. (Foto Seite 191)

Witzigmann rät,

für dieses Gericht Wachteln mit viel weißem Fett zu verwenden. Das Fett muß jedoch abgeschüttet werden.
Sehr schmackhaft sind die Wachteln auch, wenn man sie statt auf Folie im Schweinenetz brät, das vorher gewässert, mit Salz und Pfeffer bestreut und mit Cognac beträufelt wird.
Übrigens läßt sich diese delikate Komposition variieren, wenn man den Wirsing durch Püree aus Broccoli ersetzt.

Suprême de volailles aux poireaux – façon Bocuse

Masthuhnbrust mit Lauch

Rezeptur für 1 Person

Für die Masthuhnbrust:

1 Masthuhnbrust, 10 g Trüffeln, 10 g Gänseleber,
2 dl Geflügelbrühe (siehe Grundrezept Seite 279), 2 dl Sahne

Für den Lauch:

50 g Lauch, 20 g Trüffeln, 10 g Butter

Vorbereiten

Haut und Knochen der Geflügelbrust entfernen. Die Brust zur Hälfte einschneiden und mit Trüffeln und Gänseleber füllen. Zusammendrücken und in Pergamentpapier einwickeln.
Den Lauch putzen und in Streifen schneiden.

Zubereiten

Die Masthuhnbrust in einen Topf geben und mit Geflügelbrühe bedeckt 10 Minuten pochieren.
Die Lauchstreifen zusammen mit den gehackten Trüffeln und der Butter dämpfen.
Für die Sauce die Geflügelbrühe völlig einkochen lassen, mit Sahne auffüllen und nochmals sämig reduzieren.

Anrichten

Das Pergamentpapier entfernen und die Masthuhnbrust auf einem Teller anrichten. Die Lauchstreifen und den Sud, der sich im Pergamentpapier gesammelt hat, in die Sauce geben und damit die Masthuhnbrust nappieren.

Poitrine de poularde aux huîtres et basilic

Masthuhnbrust mit Austern in Basilikumsauce

Rezeptur für 2 Personen

12 Austern

Für die Masthuhnbrust:

2 Masthuhnbrüste à 140 g, Salz, weißer Pfeffer aus der Mühle, 1 EL Butter, 1 EL Olivenöl

Für die Basilikumsauce:

4 cl Champagner, 1 Schalotte, 1 Messerspitze Curry, 4 Safranfäden, 4 cl Sahne, 30 g Butter, 6 Basilikumblätter, Saft einer halben Zitrone, Cayennepfeffer

Vorbereiten

Austern: Die Austern öffnen, das Austernwasser auffangen. Das Fleisch loslösen und entbarten.

Zubereiten

Masthuhnbrust: Die Masthuhnbrüste mit Salz und weißem Pfeffer aus der Mühle bestreuen. Butter und Olivenöl erhitzen und die Masthuhnbrüste darin langsam in 4 Minuten je Seite saftig braten.
Basilikumsauce: Das Austernwasser zusammen mit Champagner, der gehackten Schalotte, Curry und den Safranfäden zur Hälfte einkochen. Die Sahne hinzufügen und sämig einkochen. Nun die Austern beigeben und steifmachen, aber nicht kochen lassen. Zuletzt die eiskalten Butterstückchen einschwenken und mit Basilikum, Zitronensaft und Cayenne abschmecken.

Anrichten

Die Masthuhnbrust auf Blattspinat oder Lauchstreifen betten und mit dem Austernragout begießen.

Pernand Vergelesses 1966,
Bourgogne oder
Château Batailley 1966,
Pauillac

Paire de caille farcie sur choux vert

Witzigmann rät,

die Masthuhnbrüste auch einmal mit den Austern zu füllen und so zu braten.

L'aile de pintadeau poëlé sur rondelles de carottes et raisins

Perlhuhnbrust auf glacierten Karottenscheiben und Trauben

Rezeptur für 4 Personen

2 franz. Perlhühner à 1200 g, Salz, Pfeffer, 5 Wacholderbeeren, 1 EL Olivenöl, 30 g Butter, 4 cl Madeira, 4 cl Trüffeljus

Für die Sauce:

Perlhuhn-Karkassen, 1 kleine Karotte, 3 Schalotten, 1 Stange engl. Sellerie, 1 TL Tomatenpüree, Thymian, Lorbeerblatt, 1 Prise Salz, 1 dl Weißwein, Wasser, 30 g Butter

Für das Gemüse:

200 g junge, regelmäßige Karotten, 2 kleine Frühlingszwiebeln, 30 g Butter, Salz, Pfeffer aus der Mühle, 1 St. Würfelzucker, 1/2 Fläschchen Mineralwasser, 100 g Muskat-Weintrauben (140 g brutto)

Vorbereiten

Perlhühner: Die beiden Perlhühner werden gerupft, flambiert, ausgenommen und die Brüste vorsichtig ausgelöst. Die Flügelknochen werden abgeschabt; die Keulen können für andere Zwecke verwendet werden.
Sauce: Die Perlhuhn-Karkassen hacken und ohne Fettzugabe in einer Bratenpfanne im vorgeheizten Ofen braun braten. Nun gibt man das in Scheiben geschnittene Gemüse und die Aromaten zu, röstet alles ca. 30 Minuten, löscht mit Weißwein ab

und bedeckt das Ganze mit Wasser. Nach 2 1/2 Stunden die Karkassen entfernen, die Sauce durch ein Spitzsieb passieren und wieder kochen, bis sie dickflüssig und konzentriert ist.

Zubereiten

Gemüse: Die Karotten schälen, waschen und in Scheiben schneiden. Die kleingehackten Frühlingszwiebeln werden in Butter angeschwitzt, ohne daß sie Farbe bekommen; dann gibt man die Karottenscheiben dazu, würzt mit Salz und Pfeffer aus der Mühle, fügt das Stück Zucker bei, bedeckt die Karotten mit Mineralwasser und läßt sie zugedeckt ca. 20 Minuten dünsten. Währenddessen zieht man die Haut der Trauben ab und entkernt sie.
Sobald die Garflüssigkeit der Karotten fast ganz eingekocht ist, bindet man das Gemüse mit einigen Butterflöckchen und fügt die vorbereiteten Trauben bei.
Perlhuhnbrüste: An der dicksten Stelle werden die Perlhuhnbrüste leicht geklopft, mit Salz und Pfeffer bestreut und mit den angedrückten Wacholderbeeren in halb Öl und Butter in einer Pfanne saftig gebraten. Danach stellt man die Brüste warm, gießt das Bratfett ab, löscht mit Madeira und Trüffeljus, kocht den Fond ein und gibt die vorbereitete Sauce dazu. Wenn die Sauce sämig zu werden beginnt, schmilzt man die Butter ein.

Anrichten

Das Karottengemüse wird auf eine vorgewärmte Platte gebettet, die Perlhuhnbrüste daraufgelegt und mit der Sauce umgossen. (Foto Seite 189)

Witzigmann rät,

die Sauce schon am Tag vorher vorzubereiten; sie kann sehr gut aufgewärmt werden und büßt dabei nichts von ihrem köstlichen Aroma ein.

Sauté de pintadeau au champagne

Sauté vom Perlhuhn in Champagnersauce

Rezeptur für 4 Personen

2 frische Perlhühner à 1200 g, Salz, weißer Pfeffer aus der Mühle, Mehl, 100 g junge Karotten, 100 g engl. Staudensellerie (nur das Weiße), 100 g schwarze Trüffeln, 100 g feine grüne Bohnen, 2 Schalotten, 20 g Butter, 1 EL Olivenöl, 1/2 Flasche trockener Champagner, 1/4 l Sahne, 3 Eigelb, 5 EL Wasser, einige Tropfen Zitronensaft

Vorbereiten

Perlhuhn: Die Perlhühner ausnehmen, in vier Teile schneiden, mit Salz und Pfeffer bestreuen, in Mehl wenden und gut abklopfen.
Gemüse: Karotten schälen, waschen und ebenso wie den Sellerie in zündholzlange und -dicke Streifen schneiden. Trüffeln unterm Wasserstrahl sauber bürsten und in Streifen schneiden. Bohnen putzen und der Länge nach halbieren.
Schalotten fein hacken.

Zubereiten

Perlhuhn: Butter und Olivenöl in einer Kasserolle erhitzen, die Hühnerteile hineinlegen und langsam auf beiden Seiten braten, bis sie Farbe annehmen (ca. 10 Minuten).
Anschließend die Hühnerstücke herausnehmen, das Bratenfett wegschütten. Die Schalottenwürfel im verbliebenen Bratfond kurz anziehen lassen, ohne daß sie Farbe annehmen. Mit Champagner ablöschen und die Hühnerstücke wieder hineingeben. Bei geschlossenem Deckel 10 Minuten langsam dünsten. Danach die Hühnerstücke wieder aus dem Sud herausnehmen.
Gemüse: Karotten, Sellerie und Bohnen getrennt in Salzwasser knackig kochen. Aus der Flüssigkeit nehmen und abtropfen lassen.
Sauce: Bratfond mit Champagner dickflüssig einkochen und

Sauté de pintadeau au champagne

die Sahne dazugeben. Das Eigelb mit 5 EL Wasser über Wasserbad schaumig schlagen. Champagnersauce beigeben, mit einigen Tropfen Zitronensaft abschmecken und zu einer luftigen Sauce aufschlagen. Dann die Gemüse- und Trüffelstreifen dazugeben. (Foto Seite 195)

Pigeon fourré au gingembre frais, sauce au citron vert

Taube mit frischem Ingwer gefüllt und Zitronensauce

Rezeptur für 4 Personen

Für die Tauben:

100 g frischer ungesalzener Speck, 2 Schalotten,
1 kleine frische Ingwerknolle, Salz, weißer Pfeffer aus der Mühle,
4 junge Tauben, 1 EL Olivenöl

Für die Zitronensauce:

2 grüne Zitronen, 5 Stück Würfelzucker, 4 cl Wasser,
1 EL Saft von grünen Zitronen,
1 dl Geflügelbrühe (siehe Grundrezept Seite 279), 2 EL Sherry,
1 Messerspitze Kartoffelmehl, 10 g Butter, Cayennepfeffer

Vorbereiten

Tauben: Zunächst wird die Füllung zubereitet. Dafür den Speck sehr fein schneiden, die Schalotten und die Ingwerknolle schälen und in Würfel schneiden (einige Ingwerwürfel für die Sauce reservieren).

Die Hälfte der Speckwürfel ausbraten und darin die Schalotten- und Ingwerwürfel anschwitzen, ohne daß sie Farbe annehmen. Anschließend kalt stellen. Danach den restlichen Speck unter die erkaltete Masse mengen, mit Salz und Pfeffer würzen.

Die Tauben sauber abflämmen, Krallen und Flügelenden ab-

schneiden. Danach von vorn her ausnehmen. Die Halshaut wird nicht abgeschnitten. Dann die Tauben mit der vorbereiteten Ingwermasse füllen und mit Nadel und Faden zunähen.
Sauce: Zitronen schälen und filetieren.

Zubereiten

Tauben: Das Öl in einer Bratpfanne erhitzen, die Tauben hineinsetzen und im vorgeheizten Backofen bei ca. 250° in etwa 20 Minuten rosa braten. Anschließend die Tauben herausnehmen und warm stellen. Das Bratenfett abschütten.
Sauce: Würfelzucker mit dem Wasser zu braunem Karamel kochen, den restlichen Ingwer beigeben und mit 1 Eßlöffel Zitronensaft ablöschen. Die Geflügelbrühe hinzufügen und 10 Minuten kochen lassen.
Sherry mit dem Kartoffelmehl glattrühren und die Sauce damit abziehen. Zuletzt die Zitronenfilets beigeben, Butter einrühren und mit Cayenne abschmecken.
Die Taubenbrust der Länge nach in Scheiben schneiden und mit der heißen Sauce untergießen.

Maigret de canard au coulis d'olives

Entenbrust auf Olivensauce

Rezeptur für 4 Personen

2 französ. Enten (2200 g, wenn möglich Barberie, Nantaise), Salz, weißer Pfeffer aus der Mühle

Für die Olivensauce:

2 Schalotten, 25 g Trüffelschalen, je 8 schwarze und grüne Oliven, 2 Artischocken, Saft einer halben Zitrone, 30 g Butter, 4 cl Weißwein, 2 dl Geflügel- oder Entenbrühe (siehe Grundrezept Seite 279), 2 dl Marchand de vin (siehe Grundrezept Seite 282), oder Sauce Madeira, 1 Bund frischer Estragon

Vorbereiten

Enten: Die Enten sauber rupfen, abflämmen und ausnehmen. Hals und Kopf abschneiden, die Keulen vorsichtig abtrennen und anderweitig verwenden. Das Schlüsselbein entfernen. Den Rückenknochen mit einer Schere herausschneiden und hakken. (Er kann zusammen mit dem Hals zu einer Entenbrühe oder einem braunen Entenfond verarbeitet werden. Siehe Grundrezept Seite 277.) Die Entenbrüste bleiben an den Knochen.

Olivensauce: Die Schalotten schälen und hacken. Die Trüffelschalen fein hacken. Die Oliven in 1/2 cm große Würfel schneiden.

Die Artischocken waschen, die untersten harten Blätter entfernen. Die Stiele nicht abschneiden, sondern knapp über dem Artischockenboden unter leichter Drehung abbrechen. (So lassen sich die harten Fasern mit aus dem Boden ziehen.) Danach werden die Artischockenböden in 1/2 cm große Würfel geschnitten und mit Zitronensaft beträufelt.

Zubereiten

Entenbrust: Die Entenbrust mit Salz und Pfeffer einreiben, mit der Brustseite nach oben in eine Pfanne legen und in ca. 15 Minuten in dem auf höchste Stufe vorgeheizten Backofen noch blutig braten. Anschließend 10 Minuten ruhen lassen. Danach löst man die Brust vorsichtig vom Knochen, indem man mit einem scharfen Messer beidseitig des Brustknochens zum Flügel hinunter schneidet. Der Flügelknochen wird nicht mitserviert. Der ausgetretene Fleischsaft wird der Sauce beigegeben.

Olivensauce: In einem Topf mit dickem Boden 15 g Butter erhitzen und die Schalottenwürfel darin anschwitzen, ohne daß sie Farbe annehmen. Mit Weißwein ablöschen und einkochen. Trüffelschalen und Artischockenwürfel beigeben und 10 Minuten langsam rösten. Danach die Geflügelbrühe und den beim Braten der Ente ausgetretenen Saft hinzufügen und völlig einkochen lassen. Die Marchand de vin beigeben und alles zu einer leicht dickflüssigen Sauce kochen. Nun die Olivenwürfel und den Estragon unterrühren, von der Herdplatte nehmen und ziehen lassen - nicht mehr kochen. Zuletzt die restliche Butter einrühren.

Anrichten

Die heiße Sauce auf einen vorgewärmten Teller gießen, die Entenbrüste daraufsetzen und sofort servieren. (Foto Seite 297)

Witzigmann rät

Man kann die Entenbrust mit und ohne Haut reichen. Doch ist sie, gerade in Verbindung mit der Olivensauce, von überraschendem Wohlgeschmack.

Caneton laqué poché en vessie

Gepökelte Ente in der Schweinsblase gegart

Rezeptur für 2–4 Personen

1 Ente à 1,8 kg, 2 l Geflügelbrühe oder Wasser

Für die Lake:

2 l Wasser, 300 g Pökelsalz, 300 g Kochsalz, 1 Zwiebel, mit 1 Lorbeerblatt und 2 Nelken gespickt, 10 g Pfefferkörner

Für die Sauce:

1/4 l Geflügelbrühe (siehe Grundrezept Seite 279), 2 dl Sahne, 30 g Butter, 30 g geriebener Meerrettich, Salz, Zitronensaft, Cayennepfeffer

1 Schweinsblase

Vorbereiten

Lake: Sämtliche Zutaten einmal aufkochen lassen, um eine 12%ige Lake zu erhalten. Anschließend auskühlen lassen.
Ente: Die Ente rupfen, abflämmen und ausnehmen.
Anschließend 4 Tage lang in der Lake ziehen lassen. Danach noch 2 Tage in kaltes Wasser legen.
Die Schweinsblase in kaltem Wasser einweichen.

Zubereiten

Ente: Die Schweinsblase wird gewendet, über die Ente gestülpt und mit einem Bindfaden fest zusammengebunden. Danach die Ente in heißer Geflügelbrühe oder leicht gesalzenem Wasser in 1 1/2 Stunden auf kleiner Flamme garziehen. Dabei einige Male mit einer Nadel in die Schweinsblase einstechen. Anschließend aus der Flüssigkeit nehmen, die Schweinsblase aufschneiden und den gewonnenen Fleischsaft abschütten. Er wird mit in die Sauce gegeben.

Sauce: 1/4 l Geflügelbrühe einkochen, mit Sahne und dem Entensaft auffüllen und sämig reduzieren. Von der Kochstelle nehmen und die Butter und den geriebenen Meerrettich einschwenken. Mit Salz, Zitronensaft und Cayenne abschmecken.

Anrichten

Die Ente wird enthäutet und in feine Scheiben geschnitten. Die Sauce auf vorgewärmte Teller gießen und die Entenscheiben darauflegen.

Witzigmann rät

Als Gemüsebeilage eignet sich dazu hervorragend Blattspinat oder Lauch. Sollten Sie keine Schweinsblase zur Verfügung haben, können Sie die Ente auch einfach in einer kräftigen Geflügelbrühe garziehen.

Poussin farci au fromage blanc

Stubenküken mit Quarkfüllung

Rezeptur für 2 Personen

1 Stubenküken

Für die Füllung:

120 g Quark (10 %), 1 Eigelb, 1,5 cl Crème double, 15 g Weißbrot, 5 g Estragon, 2 g Schnittlauch, 1 Eiweiß

Für die Sauce:

1 Tomate von 100 g, 1 kleine Zwiebel, 1 Karotte, 5 g engl. Sellerie, 1 EL Butter, 2 Rosmarinspitzen gehackt, 4 Petersilienstengel, 1/2 l Weißwein, 2 dl Wasser, 30 g gekühlte Butter, 1 EL Estragon

Vorbereiten

Die Haut des ausgenommenen Stubenkükens längs dem Rükken nach beiden Seiten vorsichtig lösen, so daß das Fleisch an

der Haut bleibt und das Gerippe einschließlich der Schenkelknochen und Flügel freigelegt wird.
Füllung: Quark, Eigelb, Crème double und Weißbrot mit den Kräutern vermengen und zum Schluß das steifgeschlagene Eiweiß darunterziehen.
Das Stubenküken wird nun mit dieser Farce gefüllt und wieder in die ursprüngliche Form gebracht.
Sauce: Die Tomate häuten und entkernen. Die Zwiebel schälen und zusammen mit der Karotte und dem Sellerie in zentimetergroße Würfel schneiden.

Zubereiten

Das gefüllte Küken in Alu-Folie einschlagen und zusammen mit den Geflügelknochen im Ofen ca. 35 Minuten bei 180° braten. 10 Minuten vor Beendigung der Bratzeit die Folie öffnen, damit das Stubenküken eine schöne Farbe bekommt.
Sauce: Das vorbereitete Gemüse in Butter andünsten. Dann Rosmarin und Petersilie beifügen und mitdünsten. Nach kurzer Zeit mit Weißwein ablöschen und die Sauce einkochen lassen. Nun nach und nach das Wasser angießen und weiterkochen, bis das Gemüse weich ist. Die Sauce schließlich durch ein Haarsieb passieren und die gekühlte Butter einschwenken. Etwas Estragon dazugeben.

Boudin de dinde

Truthahn-Würste

Rezeptur für 6 Personen

250 g Truthahnfleisch, 65 g Schweinefilet, 65 g Kalbfleisch, 65 g fetter Speck, 4 Scheiben Toastbrot ohne Rinde, 2 cl Milch, 2 Schalotten, 75 g Champignons, 180 g Butter, 2 cl Porto, 65 g Crème fraîche, 1/8 l Geflügelbrühe (siehe Grundrezept Seite 279), 1 Petersilienstengel, Salz, Pfeffer, Muskat, 1 m Schweinedarm

Vorbereiten

Alle Fleischsorten und Speck würfeln und durch den Fleischwolf drehen. Das Toastbrot in Milch einweichen, ausdrücken und zerpflückt zusammen mit der Fleischmasse durch ein Haarsieb drücken und das Ganze auf Eis stellen. Schalotten und Champignons putzen, fein schneiden und in 30 g Butter andünsten, dann mit Porto ablöschen und kalt stellen.
150 g Butter in einer Pfanne schmelzen, leicht bräunen und mit Crème fraîche, 1/8 l Geflügelbrühe, den geschmorten Schalotten und Champignons sowie der Petersilie zu der Fleischmasse geben. Alles gut vermengen und mit Salz, Pfeffer und Muskat abschmecken.

Zubereiten

Die vorbereitete Farce in den Schweinedarm füllen, und so abdrehen, daß ca. 5 cm lange Würste entstehen. Diese in der übrigen heißen Hühnerbrühe 10 Minuten ziehen lassen.

Witzigmann rät,

die Truthahn-Würste auf Apfelmus zu servieren und eventuell eine Trüffelsauce dazu zu reichen.

Dindonneau poché à la vinaigrette

Gekochter Truthahn mit Vinaigrette

Rezeptur für 8 Personen

1 Truthahn, ca. 3 kg, 1/2 Zitrone, 1 Bouquet garni aus: Lauchgrün, 1 Stengel engl. Sellerie, 1 Zweig Thymian, 1/2 Lorbeerblatt, Salz

Für die Garnitur:

8 kleine Karotten, 8 kleine Rübchen, 1 große Sellerieknolle, 8 Stangen Lauch, 1/2 Blumenkohl

Für die Vinaigrette:

Salz, Pfeffer, 4 cl Weinessig, 1 EL engl. Senf, 8 cl Nußöl, 160 g Trüffeln, Kerbel

Vorbereiten

Den Truthahn ausnehmen, den Brustknochen mit einem Messer lösen und vorsichtig herausziehen. Dann die Sehnen der Keulen mit einer Spicknadel entfernen und die Keulenknochen abhacken.
Nun den Truthahn mit Bindfaden dressieren und mit dem Saft der halben Zitrone einreiben, damit das Fleisch weiß bleibt.
Garnitur: Die Karotten und Rübchen schälen, die Sellerieknolle waschen, schälen und in streichholzgroße Stücke schneiden.
Das Grün vom Lauch entfernen (für das Bouquet garni verwenden) und das Weiße in Scheiben schneiden. Den Blumenkohl in kleine Röschen zerteilen.
Vinaigrette: In einer Salatschüssel werden die Zutaten für die Sauce vermischt und die in Scheiben geschnittenen Trüffeln kurz vor dem Servieren dazugegeben.

Zubereiten

Den vorbereiteten Truthahn mit Hals, Füßen und eventuell vorhandenen Knochen samt dem Bouquet garni in einen Topf legen und mit gesalzenem Wasser bedeckt 60–70 Minuten langsam kochen. Nach dieser Zeit das Gemüse dazugeben, noch einmal aufkochen lassen und dann in 20 Minuten neben der Kochstelle garziehen lassen.

Anrichten

Den Truthahn aus der Brühe nehmen, die Keulen auslösen und die Brust in feine Scheiben schneiden. Nun das Truthahnfleisch auf einer vorgewärmten Platte mit dem Gemüse umlegen. Die Sauce Vinaigrette in eine Sauciere gießen und mit Kerbel garniert dazu reichen. Nach diesem Rezept wird im »Tantris«, angeregt durch »Les recettes originales de Jean et Pierre Troisgros«, mit besonderer Vorliebe Truthahn zubereitet.

LES GIBIERS

Wild und Wildgeflügel

Wenn im Herbst die Jagd aufgeht, beflügelt die Beute der Jäger die Fantasie der Köche: Rebhuhn, Fasan und Schnepfe sind dann Juwelen auf der Speisekarte. Aber nicht nur Flugwild, auch Reh, Hirsch, Mufflon und Hase geraten dem Könner zu Leckerbissen besonderer Art.

Aiguillettes de canard sauvage au sang

Aiguillettes de canard sauvage au sang

Junge Wildentenbrust in Spezialsauce

Rezeptur für 6 Personen

Für die Wildenten:

3 junge Wildenten, Salz, weißer Pfeffer aus der Mühle, 2 EL engl. Senf, 3 EL Weißwein, 5 Weiß- oder Toastbrotscheiben, gerieben, 50 g Butter

Für die Wildentenbrühe:

100 g Schinkenspeck, 1 kg Wildenten- oder Rehkarkassen, 150 g Schalottenwürfel, 50 g Karottenwürfel, 30 g engl. Sellerie, 100 g Champignonabfälle, 3 Lorbeerblätter, 1 Thymianzweig, 20 Wacholderbeeren, 2 Gewürznelken, 10 g Tomatenpüree, 1 Orangenschale, Saft einer Orange, 25 g Petersilienstengel, 2 cl Xérès-Essig, 2 dl Rotwein, 1 1/2 l Wildbrühe, (siehe Grundrezept Seite 280), 10 g Salz

Für die Sauce:

1 dl Madeira, 1 dl Porto rouge, 3 dl Cognac, Thymian, Lorbeerblatt, Orangenschale, 20 Wacholderbeeren, 100 g Butter, 100 g Gänseleber-Parfait, (siehe Grundrezept Seite 286), 1 dl Kalbsblut, weißer Pfeffer aus der Mühle, 3 cl Sahne

Vorbereiten

Wildentenbrühe: Den Schinkenspeck fein hacken, in der Pfanne auslassen, die zerkleinerten Wildentenkarkassen beigeben und braun anbraten. Anschließend das Bratfett abschütten und Schalotten-, Karotten- und Selleriewürfel sowie die Champignonabfälle, Lorbeerblätter, Thymian, Wacholderbeeren, Gewürznelken, Tomatenpüree, Orangensaft und -schale und die Petersilie beigeben. Im vorgeheizten Backofen bei 220° in 20 Minuten anrösten, mit Essig ablöschen und völlig einkochen. Den Rotwein hinzufügen, mit der Wildbrühe auffüllen, das Salz beigeben und das Ganze ca. 3 Stunden lang köcheln lassen. Anschließend durch ein feines Sieb passieren.

Wildenten: Die Wildenten sauber rupfen, abflämmen und ausnehmen. Anschließend innen und außen mit Salz und Pfeffer würzen und im vorgeheizten Backofen (250°) in ca. 20 Minuten braten (blutig-rosa).
Aus der Pfanne nehmen, warm stellen und 10 Minuten ruhen lassen.

Zubereiten

Wildenten: Die Wildentenkeulen abtrennen, die Haut abziehen und mit dem mit Weißwein vermischten englischen Senf bestreichen. In geriebenem Weißbrot wenden, Butterflöckchen andrücken und im vorgeheizten Backofen bei 250° knusprig backen.
Sauce: Madeira, Porto und 1 dl Cognac zusammen mit Thymian, Lorbeerblatt, Orangenschale und Wacholderbeeren erhitzen, flambieren und fast ganz einkochen. Mit der entfetteten Wildentenbrühe auffüllen und das Ganze zu einer sämigen Sauce einkochen.
Butter, Gänseleber-Parfait und das Blut mit einer Gabel vermengen und nach und nach in die von der Kochstelle genommene Sauce einschlagen. Reichlich frisch gemahlenen Pfeffer, 2 dl Cognac und Sahne beigeben und durch ein feines Spritzsieb passieren.

Anrichten

Eine vorgewärmte Platte mit Butter bestreichen und mit Salz und Pfeffer aus der Mühle bestreuen.
Die Haut von der Wildentenbrust abziehen und die Brust der Länge nach in 1/2 cm dicke Scheiben schneiden. Diese auf die gebutterte Platte legen, noch einmal mit Salz und Pfeffer bestreuen und mit der heißen Sauce übergießen. (Foto Seite 207)

Witzigmann rät,

als zusätzlichen Augen- und Gaumenschmaus dazu glacierte Bananen mit rotem Pfeffer zu reichen. Zu diesem Zweck werden Zucker und Wasser hellbraun karamelisiert, mit Essig oder Zitronensaft abgelöscht und die Bananenstifte und der rote Pfeffer kurz darin angeschwenkt.

Suprême de faisan »Franz Keller«

Fasanenbrust

Rezeptur für 4 Personen

2 junge frische Fasane, 4 Scheiben Gänsestopfleber, Salz, Pfeffer aus der Mühle, 100 g fetter ungesalzener Speck, 20 g Butter

Für die Sauce:

Fasanen-Karkassen, Butter zum Anbraten, 1 Karotte, 3 Schalotten, 1 Petersilienstengel, 20 g engl. Sellerie, 1/2 Lorbeerblatt, 1 Thymianzweig, 1 dl trockener Weißwein, Wasser, 2 Eigelb, 2 EL Crème fraîche, Salz, Pfeffer aus der Mühle

Vorbereiten

Die Brusthälften der jungen Fasane werden sauber ausgelöst und mit der Haut nach unten ausgebreitet. Nun in die 4 Hälften eine kleine Tasche einschneiden und in jede ein längliches, dickes Stück frischer, roher Gänsestopfleber geben. Jede Brusthälfte zusammenklappen, am Rande festdrücken und mit Salz und Pfeffer aus der Mühle bestreuen. Die Fasanenbrüste mit einer hauchdünnen Speckschicht umwickeln und diese festbinden.

Zubereiten

Sauce: Die Fasanen-Karkassen, Keulen und Hälse werden in kleine Stücke zerhackt, scharf in Butter angebraten und zusammen mit Karotte, Schalotten, Petersilienstengel, wenig engl. Sellerie und den Aromaten im Ofen gut gebräunt; dann mit Weißwein und Wasser abgelöscht. Nach dem Ablöschen soll das Ganze ungefähr eine Stunde köcheln. Anschließend die Fasanen-Karkassen, Fleischstücke und Gemüse auf ein Sieb geben und den aufgefangenen Jus auf die Hälfte reduzieren.
Fasanenbrüste: Nun werden die Fasanenbrüste mit Butter bei nicht zu starker Hitze im Ofen auf den Punkt gebraten. Danach

nimmt man sie aus dem Topf und hält sie gut warm. Der Bratfond wird mit dem Jus abgelöscht.
Zur Fertigstellung der Sauce die Eigelb mit Crème fraîche verrühren, die Sauce damit binden, mit Salz und Pfeffer abschmecken und nur noch erhitzen.

Anrichten

Die Fasanenbrüste werden auf einer vorgewärmten Platte angerichtet und mit der Sauce umgossen sofort serviert.

Witzigmann rät

Eine vorzügliche Beilage zu Fasanenbrust »Franz Keller« sind feine Herbstpilze und in Butter gedämpfte Lauchjuliennes.

Perdreaux en cocotte

Rebhühner in der »Cocotte« gebraten*

Rezeptur für 4 Personen

2 junge Rebhühner, Salz, weißer Pfeffer aus der Mühle,
150 g frische rohe Gänseleber, 50 g Trüffeln,
300 g weiße Muskattrauben, 30 g Butter, 2 cl trockener Sherry

Gerät:

1 Cocotte

Vorbereiten

Die Rebhühner sauber rupfen, abflämmen und ausnehmen. Innen und außen mit Salz und Pfeffer würzen.
Gänseleber und Trüffeln in 1 cm große Würfel schneiden. Die Trauben enthäuten und entkernen.

* Eine Cocotte ist eine feuerfeste, ovale Form, die speziell zum Braten von Geflügel dient.

Zubereiten

Die Butter in der Cocotte erhitzen, die Rebhühner hineinlegen und auf beiden Seiten langsam bräunen (Vorsicht, die Butter nicht verbrennen lassen!). Gänseleber, Trüffeln und Trauben sowie den Sherry beigeben, mit Silberfolie luftdicht abdecken, den Deckel daraufsetzen und im auf 250° vorgeheizten Backofen in knapp 15 Minuten rosa braten.

Anrichten

Die Rebhühner in der Cocotte auf den Tisch bringen und den Deckel erst vor den Augen der Gäste abnehmen. Rebhühner rasch halbieren oder vierteln, Gänseleber, Trüffeln und Trauben darübergeben und mit Pfeffer aus der Mühle bestreuen.

Bécasse Maître Richard

Schnepfe Maître Richard

Rezeptur für 4 Personen

4 Schnepfen, Salz, Pfeffer, 80 g Butter, 40 g Gänseleber

Für die Sauce:

5 cl Cognac, 1/3 Flasche kräftigen Rotwein (vorzugsweise Chambertin),
10 cl demi-glace de veau (siehe Grundrezept Seite 277),
Zitronenschale von ungespritzten Zitronen,
Saft einer halben Zitrone

Für die Garnitur:

4 Scheiben Toastbrot

Gerät:

1 Sauteuse, passend für 4 Schnepfen

Vorbereiten

Kurz vor der Zubereitung werden die Schnepfen gerupft (jedoch nicht ausgenommen), die Augen entfernt und die Schnäbel der Schnepfen durch beide Schenkel gesteckt. Dadurch erübrigt es sich, die Schnepfen mit einem Bindfaden zu binden (bridieren). Anschließend mit Salz und Pfeffer kräftig würzen. In einer Sauteuse, die der Größe der Schnepfen entspricht, bringt man Butter zum Aufschäumen, rollt die Schnepfen darin und brät sie dann ca. 18 Minuten im vorgeheizten Backofen (220°). Während des Bratens wendet man die Schnepfen und begießt sie mit Butter. Sie sind fertig, wenn sie innen noch rosa, jedoch nicht mehr blutig sind.
Nun die Schnepfen aus dem Bratgeschirr nehmen und mit dem Rücken eines Löffels die Innereien herausschaben; den Kropf entfernen, der als kleine harte Kugel leicht zu erkennen ist. Die übrigen Innereien, der sogenannte Schnepfendreck, werden in einen Mörser oder eine Schüssel gegeben und zusammen mit der Gänseleber kleingestoßen, mit Salz und Pfeffer abgeschmeckt.
Garnitur: Von einem ganzen Toastbrot werden 4 Scheiben in der Größe 8 × 4 cm und 1 cm dick abgeschnitten; dann mit einem spitzen Messer ein 6 × 3 cm großes Rechteck einschneiden, jedoch nicht durchschneiden. Die Scheiben dann im Backofen bräunen und anschließend das Innere des Brotes entfernen, so daß nur die 4 Brotrinden übrigbleiben. Diese füllt man mit der Hälfte des Schnepfendrecks.

Zubereiten

Sauce: Den Bratenfond der Schnepfen in eine Tasse abgießen. Die Sauteuse erhitzen, mit Cognac ablöschen und mit dem Rotwein und der glace de veau auffüllen. Zwei Stücke einer ungespritzten Zitronenschale beifügen und die Sauce gänzlich einkochen lassen. Nun den Zitronensaft zugießen, die Sauce aufkochen und den restlichen Schnepfendreck als Bindung in die Sauce einschwenken. (Die Zitronenschale entfernen.)
Die gebratenen Schnepfen werden geteilt, die Brustknochen entfernt und die Teile in dem vorher abgegossenen und noch-

mals erhitzten Bratenfond 2 Minuten erwärmt, ohne daß die Bratensauce kochen sollte.

Anrichten

Die Schnepfenhälften auf eine vorgewärmte Platte legen, mit den vorher im Backofen erwärmten Toastbrotscheiben belegen und sofort servieren. Die Sauce separat dazu reichen.

Witzigmann rät,

den restlichen Chambertin oder Rotwein, mit dem Sie die Sauce zubereitet haben, als Tischwein anzubieten.
Übrigens stammt dieses vorzügliche Rezept, nach dem im »Tantris« häufig Schnepfen zubereitet werden, von Jean und Pierre Troisgros.

Côtelette de perdreaux Riche

Kotelett von jungem Rebhuhn

Rezeptur für 4 Personen

Für die Rebhühner:

4 junge Rebhühner, Salz, weißer Pfeffer aus der Mühle, 1 cl Cognac, 2 cl Porto, 1 cl Olivenöl, 50 g Butter

Für die Farce:

1 Schalotte, 10 g Butter, 1 EL Weißwein, 80 g mageres Schweinefleisch, 60 g Geflügelleber, Leber, Lunge und Herz der Rebhühner, 80 g ungesalzener fetter Speck oder Schinkenspeck, Salz, weißer Pfeffer aus der Mühle, Muskat

Für die Rebhuhnsauce:

2 EL Olivenöl, 1 Bouquet garni (1 Thymianzweig, 1 Lorbeerblatt, Petersilienstengel, engl. Sellerie), 1 Schalotte, 5 Wacholderbeeren, 1 kleine Karotte

4 Scheiben frische rohe Gänseleber à 30 g

Für die Garnitur:

1 Knollensellerie à 300 g, 10 g Butter, Saft einer halben Zitrone, Salz, eine Prise Zucker, Wasser, 300 g Maronen, 2 cl Geflügelbrühe oder Wasser, 4 Stück Würfelzucker, 10 g Butter, 1/4 einer Fenchelknolle, Salz, 2 frische schwarze Trüffeln, 4 cl Madeira, 4 cl Geflügelbrühe, Salz, weißer Pfeffer aus der Mühle

1 Schweinenetz

Vorbereiten

Rebhühner: Rebhühner rupfen und ausnehmen. Die Keulen mit den Beinen abtrennen, die Brustfilets vorsichtig mit einem spitzen kleinen Messer herausschneiden.
Nun wird die Haut von den Beinen entfernt, indem man sie 30 Sekunden in kochendes Wasser taucht und anschließend mit einem Tuch losreibt. Die Nägel abschneiden. Die Keulen am Gelenk auseinanderschneiden, den oberen Schenkel ausbeinen, die Haut entfernen. (Die unteren Keulenteile und die Schenkelknochen werden für die Farce mitverwendet.)
Flügelknochen und Haut von der Brust entfernen. Anschließend die Brust und das ausgelöste Keulenfleisch leicht mit Salz und Pfeffer bestreuen, auf eine Platte geben und mit Cognac, Porto und Olivenöl einige Stunden marinieren.
Das Schweinenetz für eine Stunde unter fließendes Wasser legen.
Garnitur: Knollensellerie, Maronen und Trüffeln zubereiten wie im Rezept auf Seite 246 angegeben.
Rebhuhnsauce: Rebhuhnkarkassen, -flügelknochen und -haut mit einem Löffel Olivenöl langsam braun braten, das Bouquet garni, Schalotte, Wacholderbeeren und Karotte beigeben und nochmals anrösten. Mit etwas Wasser ablöschen und völlig

einkochen. Diesen Vorgang etwa fünfmal wiederholen. Danach ganz mit Wasser bedecken und 1 1/2 Stunden leise köcheln lassen. Anschließend durch ein Spitzsieb passieren und zu einer sirupähnlichen Sauce einkochen. Beiseite stellen.
Farce: Schalotte hacken, mit etwas Butter anziehen, mit Weißwein ablöschen und einkochen. Zusammen mit Schweinefleisch, Hühnerleber, Rebhuhninnereien sowie dem Keulenfleisch und dem Speck einmal durch die grobe und zweimal durch die feine Scheibe des Fleischwolfs drehen. Anschließend mit Salz, Pfeffer und Muskat würzen und das Ganze zu einer geschmeidigen Masse rühren. Zuletzt noch einige Tropfen von der Rebhuhnmarinade hinzufügen.
Gänseleber: Die Gänseleberscheiben werden mit Salz und Pfeffer aus der Mühle gewürzt und auf beiden Seiten ca. 1 Minute scharf angebraten. Danach aus der Pfanne nehmen und kalt stellen.

Zubereiten

Das Schweinenetz wird aus dem Wasser genommen, auf dem Tisch ausgebreitet und trockengetupft. Darauf verteilt man die Farce zu vier Teilen etwa 1/2 cm dick in der Form der Rebhuhnbrust, setzt darauf jeweils eine Gänseleberscheibe und die Rebhuhnbrust und deckt mit der restlichen Farce ab. Die Rebhuhnbeinchen werden an der breiteren Seite hineingesteckt und das Schweinenetz darüber zusammengeklappt. Das Ganze soll die Form eines Koteletts bekommen.
Die Butter in einer Bratpfanne mit dickem Boden erhitzen, die 4 Koteletts hineinlegen und auf jeder Seite 10 Minuten bei kleiner Flamme braten. Aus der Pfanne nehmen, auf eine heiße Platte setzen und warm stellen.
Das Bratfett abschütten, den Bratensatz mit Wasser ablöschen und die Rebhuhnsauce sowie den Trüffeljus beigeben. Zuletzt ein nußgroßes Stück Butter einschwingen.

Anrichten

Die Sauce über die Koteletts gießen oder getrennt servieren. Die Koteletts mit Sellerie, Maronen und Trüffeln umlegen und sofort servieren.

Filet de cerf aux champignons des bois

Hirschfilet mit frischen Pilzen

Rezeptur für 6 Personen

1 Hirschfilet (ca. 1 kg), Salz, Pfeffer, 1 EL Olivenöl, 300 g frische Pilze, 30 g Butter, 1/2 l Wildbrühe (siehe Grundrezept Seite 280), 2 EL Gin, 2 cl Crème double, 1 EL Ebereschengelee (möglichst hausgemacht), 2 EL Schlagsahne

Vorbereiten

Das Hirschfilet in sechs gleichgroße Scheiben teilen (à 160 g) und in Olivenöl auf beiden Seiten braten; die Filets sollen noch rosa sein; salzen und pfeffern. Herausnehmen und warm stellen. Die Pilze putzen und in ca. 1 cm breite Scheiben schneiden, kurz in Butter ansautieren und zum Abtropfen auf ein Sieb geben.

Zubereiten

Den Bratfond mit der vorbereiteten Wildbrühe (Rezept »Rehbrühe« siehe Seite 280), Gin und Sahne zum Kochen bringen und zu einer sämigen Sauce reduzieren. Dann das Gelee darunterziehen und die in Butter gedünsteten Pilze dazugeben. Schließlich wird die Sauce mit der Schlagsahne vollendet.

Anrichten

Die Sauce auf die Teller verteilen und jeweils ein Hirschfilet-Steak daraufsetzen.

Witzigmann rät,

wenn es wie im »Tantris« schmecken soll, einen Edelreizker, einen Anisegerling, einen Hexenröhrling, vier Pfifferlinge und einen violetten Ritterling zu verwenden. Diese frischen Pilze geben dem Gericht seinen ganz besonderen Reiz.

Ragout de chevreuil aux poivre vert et zestes d'oranges

Rehragout mit grünem Pfeffer und Orangenstreifen

Rezeptur für 4–6 Personen

*2 kg Rehschulter, 150 g frischer Schweinebauch, 3 Zwiebeln,
3 Schalotten, Mehl zum Bestäuben, Salz,
weißer Pfeffer aus der Mühle, 1 Thymianzweig, 1–2 Lorbeerblätter,
1 Nelke, 10 Wacholderbeeren, 4 cl Cognac, 1 Flasche Burgunder,
1 Bouquet garni (Gewürzstrauß),
1/2 l Rehbrühe (siehe Grundrezept Seite 280),
1 Rehleber (oder Hasenleber), 1 EL Hasenblut,
20 grüne Pfefferkörner, 1 Orange*

Vorbereiten

Die Rehschulter vom Knochen und von den großen Sehnen befreien, in ca. 4 cm große Stücke teilen. Den Schweinebauch in Streifen schneiden und in einer Kasserolle mit dickem Boden langsam auslassen; den kroß gebratenen Speck herausnehmen. Zwiebeln und Schalotten schälen und würfeln.

Zubereiten

In das heiße Fett des ausgelassenen Schweinebauchs kommt nun das mit Mehl bestäubte Rehfleisch und wird langsam darin angebraten. Pfeffern und salzen. Die gewürfelten Zwiebeln und die Aromaten dazugeben, anrösten und mit Cognac ablöschen. Kurz flambieren und anschließend mit Rotwein und Rehbrühe (Grundrezept siehe Seite 280) auffüllen. Schließlich das Bouquet garni beigeben und ca. anderthalb Stunden langsam kochen lassen.
Das gegarte Fleisch mit der Gabel herausnehmen und in eine andere Schüssel geben. Die Hasen- oder Rehleber zusammen mit dem Blut im Mixer pürieren und damit die Sauce binden. Noch einmal aufkochen lassen, abschmecken und zusammen mit dem grünen Pfeffer und den in Streifen geschnittenen Orangenfilets über die Fleischstücke gießen. (Foto Seite 225)

Witzigmann rät,

das Rehragout schon einige Tage vorher zuzubereiten. Es sollte allerdings jeden Tag kurz aufgekocht werden.

Noisettes de chevreuil »Belle Alliance«

Rehnüßchen »Belle Alliance«

Rezeptur für 6 Personen

1 frischer Rehrücken (ca. 1,8 kg), 10 g Butter, 2 EL Olivenöl, Salz, weißer Pfeffer aus der Mühle

Für die Marinade der Rehfilets:

1/2 dl Olivenöl, 2 dl Cognac, 5 Wacholderbeeren (zerdrückt), 1 Zweig frischer Thymian, 1 kleines Lorbeerblatt, 2 Gewürznelken, 10 grüne Pfefferkörner, 1 Schalotte (in dünne Scheiben geschnitten), 1 Karotte

Für die Marinade der Rehrücken-Knochen:

500 g Knochen und Sehnen, 1 Stück engl. Sellerie (ca. 50 g), 1 Schalotte (50 g), 1 Karotte (30 g), 1 Zweig frischer Thymian, 5 Wacholderbeeren, 1 Lorbeerblatt, 2 Gewürznelken, 3/4 l Burgunder, 1/2 dl Olivenöl

Für das Rehleberpüree:

1 TL Butter, 50 g Rehleber, 1 Schalotte, 1 Stück Orangenschale, 1 cl Cognac, 1 cl Portwein, 50 g rohe Gänseleber (kann, muß aber nicht sein)

Für die Sauce:

1 EL Butter, 1 EL Olivenöl, 2 cl Xérès-Essig, 1 l Wasser, 2 cl Blut (vom Kalb), 1 EL Johannisbeergelee, 1/2 Zitrone

Vorbereiten

Rehrücken: Die Rehrücken-Filets zu beiden Seiten des Rückgrats ablösen, von Haut und Sehnen befreien und einen Tag in die Marinade legen. Mit Ölpapier abdecken und nicht zu kalt stellen. Die Knochen und Sehnen in kleine Stücke hacken und ebenfalls einen Tag marinieren.
Rehleberpüree: Die Butter erhitzen und darin die grobwürfelig geschnittene Rehleber blutig anbraten. Die feingehackte Schalotte und die Orangenschale hinzufügen, durchschwenken und das Ganze mit Cognac und Porto ablöschen. Abkühlen lassen und zusammen mit der rohen Gänseleber durch ein Haarsieb streichen. Kalt stellen.

Zubereiten

Grundsauce: Die marinierten Knochen samt Gemüse und Aromaten auf ein Sieb schütten und in halb Butter, halb Olivenöl anbraten, mit Xérès-Essig ablöschen und mit der vorher aufgekochten Rotweinmarinade auffüllen. Fast vollständig einkochen lassen. Das Wasser dazugeben und langsam etwa anderthalb Stunden köcheln lassen; dann passieren, entfetten und nochmals aufkochen.
Rehnüßchen: Die Rehfilets aus der Marinade nehmen und in etwa 80 g schwere Medaillons schneiden. In halb Butter und halb Olivenöl rosa braten. Mit Salz und Pfeffer aus der Mühle bestreuen und warm stellen.
Vollenden der Sauce: Das Bratenfett abgießen, den Bratensatz mit Wasser ablöschen und mit der Grundsauce auffüllen. Aufkochen lassen und Löffel für Löffel das Rehleberpüree sämig in die Sauce schlagen. Nicht mehr kochen lassen. Zum Schluß mit Blut, Johannisbeergelee und Zitronensaft abschmecken und passieren. Kochendheiß über die Rehnüßchen gießen.

Anrichten

Zu den Rehnüßchen und ihrer köstlichen Sauce passen z.B. Kartoffelcrêpes mit frischem Ingwer. Für die Garnierung bringt man 200 g dunkelrote entkernte Kirschen mit 4 cl Porto zum Kochen, läßt sie gänzlich einkochen und bestreut sie dann mit

schwarzem Pfeffer aus der Mühle. Außerdem werden 250 g junge Frühlingszwiebeln ohne Grün in 50 g Butter und etwas Zucker (10 g) gebräunt, gesalzen und gepfeffert. Man löscht sie sodann mit 2 cl Wasser ab und läßt sie garkochen und karamelisieren.
Auf einem großen heißen Teller werden in der Mitte die Rehnüßchen - leicht mit der Sauce nappiert - placiert und rundherum Frühlingszwiebeln, Kirschen und Kartoffelcrêpes (siehe Grundrezept Seite 224) angeordnet. (Foto Seite 284)

Gigot de chevreuil rôti - sauce à la crème

Rehkeule gebraten mit Rahmsauce

Rezeptur für 6 Personen

1 Rehkeule (ca. 2,5 kg), 150 g frischer Speck,
1 Prise frischer Thymian (gehackt), 1 EL Cognac, 2 cl Olivenöl,
100 g Butterstückchen, Salz, weißer Pfeffer aus der Mühle

Für die Marinade:

2 Karotten (ca. 100 g), 2 Zwiebeln (ca. 80 g), 3 Schalotten,
100 g engl. Sellerie, 1 Thymianzweig, 1 Knoblauchzehe,
3 Gewürznelken, 10 Wacholderbeeren, 2 Lorbeerblätter,
10 schwarze Pfefferkörner, 5 Petersilienstengel,
1 kleiner Rosmarinzweig, 1 Flasche trockener Weißwein,
1/2 dl Olivenöl

Für die Sauce:

3 dl Sahne, 1 dl saure Sahne, 50 g Butter, 1 EL Johannisbeergelee,
Zitronensaft, 1 EL Cognac, Salz, weißer Pfeffer aus der Mühle

Gerät:

Für die Marinade eignet sich am besten ein Steintopf.

Vorbereiten

Den Schlußknochen aus der Rehkeule entfernen, die Haut ganz fein abziehen. Den eiskalten Speck in 1/2 cm dicke und 4–5 cm lange Streifen schneiden, mit dem gehackten Thymian bestreuen und mit Cognac beträufeln. Mit den so vorbereiteten Speckstreifen wird die Rehkeule gespickt.
Marinade: Karotten, Zwiebeln und Schalotten sowie den Sellerie schälen und in nicht zu dünne Scheiben schneiden, auf den Boden des Steintopfs geben und die Aromaten darüberstreuen. (Knoblauch, Wacholderbeeren und Pfefferkörner werden zerdrückt.) Mit 1 Flasche trockenem Weißwein auffüllen. Zum Schluß vorsichtig das Olivenöl darüberträufeln, damit es oben schwimmt. In diese Marinade legt man die gespickte Rehkeule und läßt sie mindestens einen, besser zwei bis drei Tage darin beizen. Dabei wird sie alle 12 Stunden einmal gedreht. Die Marinade darf nicht gesalzen werden, da Salz dem Fleisch das Blut entzieht.

Zubereiten

Die Rehkeule aus der Marinade heben und auf einem Tuch trockenreiben. In einem großen Brattopf das Öl erhitzen und im vorgeheizten Backofen (220°) die Keule auf beiden Seiten scharf anbraten. Das auf einem Sieb abgetropfte Gemüse aus der Marinade zusammen mit den Aromaten nach ca. 20 Minuten unter gleichzeitiger Zugabe von Butterstückchen zum Fleisch geben. Während des Bratens wird die Rehkeule mehrmals mit dem eigenen Saft und den Gemüsen übergossen. Das Gemüse soll dabei keine Farbe annehmen. Als Bratzeit rechnet man ca. 15 Minuten pro 500 g Fleisch. Danach nimmt man die Keule aus der Pfanne, salzt und pfeffert sie und stellt sie warm. Sie soll nun mindestens 10 Minuten ruhen und öfters gedreht werden.
Sauce: Der Fleischsaft mit den Gemüsen wird aufgekocht und durch ein Sieb passiert. Das Fett sollte abgeschöpft werden. Dann gibt man den Saft zurück in die Pfanne, füllt mit der Marinadenflüssigkeit auf und läßt das Ganze völlig einkochen. Mit süßer und saurer Sahne aufgießen, nochmals erhitzen und durch ein Sieb in einen Topf passieren, in dem die Sauce mit

Butter, Johannisbeergelee, einigen Tropfen Zitronensaft, Cognac, Salz und Pfeffer pikant abgeschmeckt wird.

Anrichten

Die Rehkeule wird auf einer heißen Platte angerichtet, die Rahmsauce ebenso wie die Beilagen sollten extra gereicht werden. (Foto Seite 224)

Witzigmann rät,

die Keule erst vor den Augen der Gäste zu schneiden; das Fleisch sollte übrigens stets zartrosa sein, dann ist es besonders appetitlich und wohlschmeckend.
Wenn Sie einen drehbaren Spieß im Hause haben, sollten Sie die Rehkeule am Spieß zubereiten. Dann muß beim Braten das Fleisch öfter mit der mit Sahne versetzten Marinade bestrichen und der austretende Saft unbedingt aufgefangen werden.
Als Beilage eignen sich übrigens vorzüglich hausgemachte Spätzle oder ein Pilzsoufflé.

Noisettes de chevreuil »Belle Alliance«

Gigot de chevreuil rôti, sauce à la crème

Ragout de chevreuil
aux poivre
vert et zestes d'oranges

1. *Purée de carottes*
2. *Purée d'oignons*
3. *Purée d'haricots verts*
4. *Purée de lentilles*
5. *Purée de champignons*
6. *Purée de céleris-raves*

Cuissot de moufflon ou chamois aux baies de genièvres

Mufflon- oder Gemsenkeule in Rahmsauce

Rezeptur für 6 Personen

*1 Mufflon- oder Gemsenkeule, Salz, 150 g Butter,
1 EL Preiselbeerkompott, 2 dl saurer Rahm*

Für die Beize:

*2 Teile Wasser / 1 Teil Essig, 2 Zwiebeln,
Schale einer halben Zitrone, 1 kleines Lorbeerblatt,
1 TL Bohnenkraut, 10 weiße Pfefferkörner, 100 g Speckwürfel,
10 Wacholderbeeren*

Vorbereiten

Die Keule in eine milde Beize aus den angegebenen Zutaten legen und ca. 1 Woche darin ziehen lassen.

Zubereiten

Das Mufflon- oder Gemsenfleisch aus der Beize nehmen, abtrocknen, salzen und in 50 g Butter anbraten, ohne daß es Kruste bekommt.
Inzwischen die Beize zum Kochen bringen, das angebratene Fleisch hineinlegen und zusammen mit dem Preiselbeerkompott so lange kochen lassen, bis das Fleisch saftig und weich ist (Kochdauer richtet sich nach Größe).
Nun wird die Keule aus dem Sud genommen und warm gestellt, während die Beize passiert und erneut zum Kochen gebracht wird. Wenn sie bis zur Dickflüssigkeit reduziert ist, kann sie mit dem Rahm sowie 100 g Butterstückchen aufmontiert werden.

Anrichten

Als Beilage zu dem delikaten Wildgericht eignet sich ein Serviettenknödel.

Witzigmann rät,

darauf zu achten, daß das Fleisch nicht von einem ausgewachsenen Tier, sondern von Mufflonlamm oder Gemsenkitz stammt.

Le râble de lièvre aux raisins de muscats

Hasenrücken in Rahmsauce und Muskat-Trauben

Rezeptur für 2 Personen

1 frischer Hasenrücken, 1 kleine Karotte, 1 Schalotte, 50 g engl. Sellerie, 1 EL Petersilienstengel, 1 Wacholderbeere, 1 Gewürznelke, einige Thymiannadeln, 1 kleines Lorbeerblatt, 2 EL Olivenöl, 4 cl Muskateller, 20 g Butter, Salz, Pfeffer

Für die Rahmsauce:

1 Schalotte, 1 EL Weinessig, 2 dl Crème fraîche, Saft einer halben Zitrone, Salz, Pfeffer, 30 g Butter, 200 g Muskat-Trauben

Vorbereiten

Den Hasenrücken mit einem spitzen Messer von Sehnen und Nerven befreien. Karotte, Schalotte, den englischen Sellerie putzen und kleinschneiden und zusammen mit dem Hasenrükken, den angegebenen Aromaten sowie dem Olivenöl und dem Muskatwein auf eine tiefe Platte geben und mit Pergamentpapier bedeckt 1–2 Tage in einem kühlen Raum marinieren lassen. (Marinade aufbewahren.)
Sauce: Die Muskat-Trauben schälen, halbieren und entkernen.

Zubereiten

In einer ovalen Pfanne mit dickem Boden läßt man die Butter hellbraun aufschäumen, legt dann den ungespickten Hasenrücken auf der Fleischseite ein und brät ihn im vorgeheizten

Ofen bei 220° ca. 13 Minuten (je nach Größe), so daß er innen noch rosa ist. Den Hasenrücken dann aus der Pfanne nehmen, mit Salz und Pfeffer aus der Mühle bestreuen und ruhen lassen (dabei des öfteren wenden).
Sauce: Das Bratfett aus der Pfanne, in der das Fleisch gebraten wurde, abgießen und die gehackte Schalotte anschmoren. Mit dem Essig ablöschen und ihn total verdunsten lassen. Dann die Marinade vom Hasenrücken angießen, ebenfalls gänzlich einkochen lassen, die Sahne dazugeben und kochen, bis die Sauce sämig ist.
Nun die Sauce durch ein Haarsieb passieren, mit Zitronensaft, Salz und Pfeffer abschmecken, die Butter einrühren und die Muskattrauben dazugeben.

Anrichten

Den Hasenrücken auf einer Platte anrichten und mit etwas Sauce begießen. Die restliche Rahmsauce in einer Sauciere dazureichen.

Witzigmann rät,

den Hasenrücken auch einmal mit einer dunklen Sauce zu reichen, der Sie Hasenblut, Cognac, Porto und etwas Johannisbeergelee zusetzen. (Foto Seite 295)

LES LÉGUMES

Gemüse

Weiße Rüben, Karotten, Linsen, Zwiebeln, Lauch, Tomaten – so glaubt man gemeinhin – sind Gemüsearten für den Alltagsspeisezettel; wenn sich ein fantasievoller Koch ihrer annimmt, werden daraus die köstlichsten Pürees, Gratins und sonstige Beilagen. Was man aber aus Artischocken, Spargel, Morcheln oder Maronen zaubern kann, läßt das Wort Gemüse für diese Gerichte allzu arm erscheinen.

Tarte aux six légumes

Tarte aux six légumes

Gemüsetorte

Rezeptur für 6 Personen

200 g Blumenkohl, 150 g Karotten, 1 kleine Zwiebel, 50 g Butter, 2 EL Olivenöl, 150 g Rote Bete, Essigwasser, 1 Messerspitze Kümmel, 1 mit 1 Lorbeerblatt und 2 Nelken gespickte Zwiebel, 180 g Champignons, Salz, weißer Pfeffer aus der Mühle, 1 Schalotte, 320 g Spinat, 1 Knoblauchzehe, Muskat, 2 Artischocken

Für den Béchamel-Eier-Guß:

10 g Butter, 20 g Mehl, 1/4 l Milch, Salz, weißer Pfeffer, Muskat, 4 Eier, 1/4 l Sahne, einige Tropfen Worcestersauce

Für den Teig:

10 g Butter, 250 g Blätterteig (siehe Grundrezept Seite 282)

Gerät:

Tortenform, 24,5 cm Durchmesser, 4,5 cm hoch

Vorbereiten

Blumenkohl in kleine Röschen zerteilen und 10 Minuten dämpfen; Karotten schälen und ebenfalls knackig (4 Minuten) dämpfen, danach in Scheiben schneiden und kurz mit feingehackter Zwiebel in 10 g Butter dünsten; Rote Bete in leichtem Essigwasser mit Kümmel und gespickter Zwiebel weichkochen, schälen und in Streifen schneiden; die geputzten Champignons in Scheiben schneiden und in heißem Olivenöl schwenken, mit Salz und Pfeffer aus der Mühle bestreuen, die gehackte Schalotte dazugeben, das Ganze auf einem Sieb abtropfen lassen; Spinat waschen, kurz in kochendem Wasser aufwallen lassen, hacken, in brauner Butter zusammen mit der auf eine Gabel gesteckten Knoblauchzehe 5 Minuten dünsten, mit Salz, Pfeffer und Muskat würzen; Artischocken in Salzwasser ca. 35 Mi-

nuten kochen, abkühlen lassen, den Boden von Blättern und Heu befreien und in Scheiben schneiden.
Béchamel-Eier-Guß: Butter in einer kleinen Kupferkasserolle zerlaufen und das Mehl 5–10 Minuten schwitzen lassen, ohne daß es Farbe annimmt. Nach dem Abkühlen langsam mit der heißen Milch aufgießen und glattrühren. Mit Salz, Pfeffer und Muskat abschmecken. 15 Minuten langsam kochen. Die Béchamel mit Eiern und Sahne mixen und mit einigen Tropfen Worcestersauce würzen.

Zubereiten

Die Tortenform ausbuttern, mit dem nicht zu frischen Blätterteig dünn auslegen und diesen mit einer Gabel mehrmals einstechen (den Rand an den Seiten hochdrücken). Getrocknete Linsen, Erbsen oder Bohnen darauffüllen und 10 Minuten vorbacken (damit der Teigrand nicht herunterfällt), ohne daß der Teig Farbe bekommt. Abkühlen lassen und die getrockneten Hülsenfrüchte herausschütten. Jetzt werden die vorbereiteten Gemüse jeweils in Dreiecksform eingefüllt, und das Ganze bekommt eine Béchamel-Eier-Haube. Im vorgeheizten Backofen bei 190° ca. 1 Stunde backen.

Anrichten

Nach dem Backen muß die Torte 15 Minuten ruhen, bevor man sie auf eine runde Platte gleiten läßt und in Stücke schneidet. (Foto Seite 229)

Witzigmann rät,

die Gemüse je nach Saison und Geschmack zu variieren. Dabei auf die hübsche farbliche Abstimmung der Gemüse achten!

Emincé de potiron au paprika

Kürbis-Gemüse

Rezeptur für ca. 6 Personen

1 kg Spargelkürbis (länglich, grüngelb), Salz, 3 Tomaten, 1 kleine Knoblauchzehe, 1 Messerspitze Kümmel, etwas Wasser oder Öl, 100 g Schinkenspeck, 2 kleine Zwiebeln, 3 EL frischer Dill, 1 EL Paprikapulver (edelsüß), 1 TL Tomatenmark, 100 g Butter, 1 Prise Zucker, einige Tropfen Essig, frisch geriebener Pfeffer

Zum Ansetzen der sauren Sahne:

2 dl süße Sahne, Saft einer Zitrone

Vorbereiten

Ansetzen der sauren Sahne: Schon einige Tage vorher sollte die saure Sahne angesetzt werden. Dazu gibt man den Saft einer Zitrone zu der süßen Sahne und stellt sie einen Tag lang an einen warmen Platz zum Sauerwerden. Danach im Kühlschrank kalt stellen.
Kürbis-Gemüse: Den Kürbis schälen und halbieren. Kerne und Fasern mit einem Löffel aus dem Kürbisfleisch entfernen. Anschließend grob hobeln oder raspeln und mit einer Prise Salz bestreuen. Gut vermengen und 10 Minuten ziehen lassen. Danach fest ausdrücken.
Tomaten mit kochendem Wasser überbrühen. Abschrecken und die Haut abziehen. Strünke ausschneiden, vierteln, entkernen und in Würfel schneiden.
Die Knoblauchzehe schälen und mit Salz zerreiben.
Kümmel mit Wasser oder Öl befeuchten und sehr fein hacken.
Speck und Zwiebeln in feine Würfel schneiden.
Dill waschen und grob hacken.

Zubereiten

Die Speckwürfel in einer Kasserolle langsam auslassen, Zwiebelwürfel, Paprika, Knoblauch und Kümmel beigeben und anschwitzen, ohne daß die Zutaten Farbe annehmen. Tomatenwürfel und Tomatenmark ebenfalls hinzufügen und anschwitzen. Nun die Kürbisraspeln beigeben und alles 20 Minuten lang dünsten. (Die Flüssigkeit sollte völlig verdunstet sein. Andernfalls muß sie nun sehr rasch eingekocht werden.) Die saure Sahne hinzufügen und das Gemüse noch einmal kräftig aufkochen. Von der Kochstelle nehmen, mit den kalten Butterflocken binden und mit Salz, einer Prise Zucker und einigen Tropfen Essig abschmecken. Ganz zuletzt den Dill unterrühren.

Tomates farcies aux feuilles d'épinards

Tomaten mit Blattspinat gefüllt

Rezeptur für 4 Personen

4 vollreife Tomaten (à 90 g), Salz, weißer Pfeffer aus der Mühle, 200 g Blattspinat (ohne Stiele), 20 g Butter, Muskat, 1 Knoblauchzehe, 10 g geriebenes Weißbrot (ohne Rinde), 1 EL Olivenöl

Vorbereiten

Die Tomaten waschen, Strünke herausschneiden und ganz kurz in kochendes Wasser geben. Sofort in Eiswasser abschrekken und die Haut abziehen. Mit Hilfe eines kleinen Löffels die Früchte von unten aushöhlen, mit Salz und Pfeffer würzen. Blattspinat waschen, kurz in kochendes Salzwasser geben und in Eiswasser abkühlen. Auf ein Sieb schütten und das Wasser leicht herausdrücken.

Zubereiten

Butter leicht aufschäumen lassen, den Blattspinat zugeben, mit Salz, Pfeffer und Muskat würzen und mit einer Gabel, auf die eine Knoblauchzehe gespießt ist, unter Erhitzen umrühren. Dann den Blattspinat in die ausgehöhlten Tomaten füllen und diese in dem frischgeriebenen Weißbrot wälzen. Eine feuerfeste Pfanne mit Olivenöl ausstreichen, darauf die Tomaten setzen und mit einigen Tropfen Olivenöl beträufeln. Im vorgeheizten Ofen bei etwa 200° in 15–20 Minuten goldgelb backen.

Witzigmann rät,

unter das Weißbrot etwas geriebenen Parmesan zu mischen.

Gratin de navets

Gratin von weißen Rübchen

Rezeptur für 2 Personen

60 g junge weiße Rübchen (Mai-Rübchen), Salz, 10 g Butter, 3 cl Sahne, 3 cl Milch, weißer Pfeffer aus der Mühle

Vorbereiten

Die Rübchen schälen und in 3 mm dünne Scheiben schneiden oder hobeln und leicht mit Salz bestreuen. 10 Minuten stehen lassen und danach fest ausdrücken, damit keine Flüssigkeit mehr in den Rübchen ist.

Zubereiten

Eine feuerfeste Form mit Butter ausstreichen, die Rübchenscheiben einlegen und mit Sahne und Milch auffüllen. (Die Milch vorher mit Salz und Pfeffer würzen.) Im vorgeheizten Backofen bei 150° ca. 45 Minuten garen.

Soufflé de fromage aux oeufs de cailles

Käse-Soufflé mit wachsweichen Wachteleiern und Lauchsauce

Rezeptur für 4 Personen

Für die Lauchsauce:

80–100 g Lauch, 10 g Butter, 1 TL gehackte Trüffel, 1 dl Geflügelbrühe (Grundrezept siehe Seite 279), 4 cl Noilly Prat, 4 cl Sahne, 1 EL Jus de Truffes (Trüffelsaft), 1 TL gehackter Estragon, Salz, weißer Pfeffer aus der Mühle

8 frische Wachteleier, 4 EL gepökelte Räucherzunge in Würfeln

Für die Auflaufmasse:

2 Eigelb, 2 EL Crème fraîche, 3 Eiweiß, 100 g Gruyère (gerieben)

Gerät:

Auflaufförmchen von 8 cm Durchmesser, 5 cm hoch

Vorbereiten

Lauchsauce: Das Weiße und etwas Grünes vom Lauch waschen und in feine Streifen oder Scheiben schneiden. Die Butter kurz aufschäumen lassen (ohne daß sie Farbe annimmt), die gehackten Trüffel anschwitzen, dann die Lauchstreifen dazugeben und langsam, ohne Zugabe von Flüssigkeit, 10 Minuten knakkig dünsten.
Wachteleier: Die frischen Wachteleier mit einer Stecknadel einige Male einstechen, dann in kochendem Wasser 2 1/2–3 Minuten kochen, sofort in Eiswasser abschrecken. Vorsichtig unter lauwarmem Wasser schälen.

Zubereiten

Lauchsauce: Geflügelbrühe und Noilly Prat werden bis zur Dickflüssigkeit eingekocht, bevor die Sahne dazugegeben und das Ganze nochmals erhitzt wird. Die cremige Flüssigkeit zu

den gedünsteten Lauchstreifen geben und mit Trüffelsaft, gehacktem Estragon, Salz und Pfeffer die Sauce vollenden.
Auflaufmasse: Eigelb und Sahne werden schaumig gerührt, die kalten Eiweiß zu Schnee geschlagen; dann der Schnee ebenso wie der geriebene Gruyère unter die Eigelb-Sahne-Masse gezogen. Soufflé-Förmchen ausbuttern, mit der Lauchsauce jeweils zu einem Viertel anfüllen, die Wachteleier darauf setzen und die Zungenwürfel darüberstreuen. Nur bis knapp unter den Rand mit der Auflaufmasse füllen und im vorgeheizten Backofen bei 200–220° ohne Rost ca. 8 Minuten backen.

Anrichten

Das Käse-Soufflé muß sofort, wenn es aus dem Ofen kommt, serviert werden.

Witzigmann rät

Die Auflaufmasse behält dann ihre duftige Konsistenz, wenn sie erst im allerletzten Moment vor dem Backen zubereitet wird. Übrigens gibt es für dieses Soufflé unzählige Variationsmöglichkeiten, z. B. mit Artischockenböden und Trüffeln, Krebsen und Morcheln und vielen anderen köstlichen Kombinationen.

Feuilleté de marrons à l'oeuf poché

Blätterteigschnitte mit Maronenpüree, pochiertem Ei und Trüffelsauce

Rezeptur für 4 Personen

4 Blätterteigschnitten (siehe Grundrezept Seite 282), 4 große frische Eier, weißer Essig

Für das Maronenpüree:

500 g Maronen, 30 g engl. Sellerie oder Fenchel, 1/4 l Milch-Sahne-Gemisch, 20 g Butter, Salz, 1 Prise Muskat, 1 EL Kirschwasser

Für die Trüffelsauce:

50 g Trüffelschalen, 30 g Butter, 1 dl Madeira, 3 dl brauner Kalbsfond (siehe Grundrezept Seite 277), 4 cl Trüffeljus (im Handel erhältlich), Salz, weißer Pfeffer aus der Mühle

Vorbereiten

Maronenpüree: Die geschälten Maronen mit Sellerie oder Fenchel in Wasser gar kochen.
Trüffelsauce: Die Trüffelschalen waschen und hacken.

Zubereiten

Blätterteigschnitten: Die Blätterteigschnitten in den auf 250° vorgeheizten Backofen schieben, nach einer Weile die Temperatur auf 200° herunterschalten und die Schnitten in insgesamt 20–25 Minuten knusprig backen.
Maronenpüree: Die Maronen (ohne Sellerie oder Fenchel) passieren, das Püree unter Rühren erhitzen, die heiße Milch-Sahne-Mischung dazugeben. Butter, Salz, Muskat und Kirschwasser einrühren.
Trüffelsauce: Die gehackten Trüffelschalen in 10 g brauner Butter langsam anrösten, mit Madeira ablöschen und fast völlig

einkochen lassen. Mit Kalbsfond auffüllen, zur Hälfte einkochen und von der Kochstelle nehmen. Mit der restlichen Butter und mit Trüffeljus zu einer nicht zu dicken Sauce aufmontieren, salzen und pfeffern.
Eier: Kurz bevor die Blätterteigschnitten fertig sind, bringt man in einem hohen Kochtopf Wasser und Essig zum Kochen. Die kalten Eier werden einzeln in Tassen aufgeschlagen und rasch in das kochende Essigwasser geschüttet. Einmal aufkochen lassen, von der Kochstelle nehmen und in 4 Minuten wachsweich ziehen lassen.

Anrichten

Aus den fertig gebackenen Blätterteigschnitten wird mit einem spitzen kleinen Messer 1 1/2 cm vom äußeren Rand ein Quadrat ausgeschnitten, das man vorsichtig heraushebt, während der äußere Teil auf heiße Teller gesetzt wird. Nun werden die Schnitten zur Hälfte mit dem heißen Maronenpüree gefüllt.
Die pochierten Eier mit einer Kelle aus dem Wasser heben und abtropfen lassen. Den Eiweißrand mit einer Schere glattschneiden.
Dann setzt man die Eier auf das Maronenpüree, nappiert sie mit der heißen Trüffelsauce und setzt die ausgeschnittenen Blätterteigdeckel darauf (ohne den inneren weichen Teig). Sofort servieren.

Witzigmann rät,

für dieses Gericht tiefgekühlte Blätterteigschnitten zu verwenden, die man immer vorrätig haben sollte.

Purée d'oignons

Zwiebelpüree

Rezeptur für 4 Personen

1 kg mittelgroße Zwiebeln, 4 cl Sahne, 50 g Butter, Salz, weißer Pfeffer aus der Mühle

Vorbereiten

Die ungeschälten Zwiebeln im Backofen bei ca. 220° weichbakken (etwa 1 1/4 Stunden). Etwas abkühlen lassen und schälen.

Zubereiten

Die gebackenen Zwiebeln im Mixer pürieren, heißrühren, die heiße Sahne und Butter darunterziehen. Mit Salz und Pfeffer abschmecken.

Purée de céleris-raves

Püree aus Knollensellerie

Rezeptur für 4 Personen

1 Sellerieknolle (ca. 350 g), 1/2 Zitrone, 1 1/2 dl Sahne, 30 g Butter, Salz, weißer Pfeffer aus der Mühle

Vorbereiten

Die Sellerieknolle waschen, schälen, in vier Teile schneiden und mit Zitronensaft einreiben, damit sich der Sellerie nicht verfärbt. Im Dampftopf weichkochen.

Zubereiten

Den gedämpften Sellerie im Mixer fein pürieren, unter Erhitzen trockenrühren und dann die heiße Sahne sowie die Butter darunterschlagen. Salzen und pfeffern.

Gemüse sind nicht nur von optischem, sondern auch von höchstem kulinarischen Reiz, wenn sie richtig behandelt werden: Die einen knackig gekocht, die anderen weich gedämpft; aber immer so zubereitet, daß ihr Eigengeschmack gewahrt bleibt.

Soufflé de cêpes »Rochelt«

Pilzsoufflé

Rezeptur für 4 Personen

150 g junge frische Steinpilze, Salz, 25 g Butter, 2 Eier, 2 EL Béchamelsauce, etwas Kartoffelmehl

Gerät:

4 Souffléförmchen

Vorbereiten

Die Steinpilze putzen, in Scheiben schneiden, salzen und in Butter andünsten, bis alle Feuchtigkeit verdunstet ist; die Pilze dürfen dabei keine Farbe nehmen. Dann die noch warmen Pilze mit den Eigelb im Mixer fein pürieren. Die Béchamelsauce dazugeben und nochmals pürieren. Zum Schluß das steif geschlagene Eiweiß unterziehen.

Zubereiten

4 Souffléförmchen gut ausbuttern, mit Kartoffelmehl ausstreuen, die Masse einfüllen und im Ofen (ca. 190°) 20 Minuten im Wasserbad backen.

Witzigmann rät,

das Pilzsoufflé mit einer Preiselbeersauce als Beilage zu Wildgerichten zu reichen.

Purée de choux vert

Wirsingpüree

Rezeptur für 4 Personen

1 Wirsing (ca. 1 kg), Salz, 30 g geräucherter Schweinebauch, 1 Zwiebel (50 g), 1 Knoblauchzehe, weißer Pfeffer, Muskat, 1 Prise Majoran, 4 cl Sahne, frische Petersilie

Vorbereiten

Die Wirsingblätter abreißen, die groben Stiele herausschneiden, waschen und in starkem Salzwasser einmal kräftig aufkochen. Dann in Eiswasser abkühlen und auf ein Sieb geben.

Zubereiten

Den in kleine Würfel geschnittenen Schweinebauch in einem Topf langsam anschmelzen, die gehackten Zwiebeln und die zerdrückte Knoblauchzehe dazugeben und das Ganze schmoren, ohne daß es Farbe annimmt. Nun kommen die Wirsingblätter dazu, ebenso Salz, Pfeffer, Muskat und Majoran. Nach 30minütigem Dünsten im Mixer ganz fein pürieren. Anschließend nochmals unter Rühren erhitzen und nach und nach die Sahne unterziehen. Zum Schluß Petersilie dazugeben.

Purée d'haricots verts

Püree aus grünen Bohnen

Rezeptur für 4 Personen

400 g grüne Bohnen, 4 cl Crème double, 15 g Butter, Salz, weißer Pfeffer aus der Mühle, 1 Messerspitze Bohnenkraut

Bohnen putzen und in Salzwasser weichkochen; durch ein Haarsieb streichen und unter Zugabe von Crème couble und Butter heiß rühren. Mit Salz, Pfeffer und Bohnenkraut würzen.

Purée de lentilles

Linsenpüree

Rezeptur für 4 Personen

150 g Linsen, 1 Karotte, 1 kleine Zwiebel, 10 g Butter, 1 Spritzer Estragon-Essig, 1/4 l Fleischbrühe, 1 TL Tomatenpüree (15 g), 1 kleines Gewürzsträußchen (Petersilien-Stengel, frischer Thymian, 1 kleines frisches Lorbeerblatt zusammengebunden), 30 g geräucherter Schweinebauch, Salz, weißer Pfeffer, Majoran

Vorbereiten

Linsen über Nacht einweichen. Karotte und Zwiebel feingeschnitten in Butter anschwitzen, ohne daß sie Farbe annehmen; mit etwas Essig ablöschen. Die eingeweichten Linsen dazugeben, mit der Fleischbrühe bedecken; Tomatenpüree und Gewürzsträußchen hinzufügen und die Linsen langsam (ca. 1 Stunde) weichkochen.

Zubereiten

Die gekochten Linsen (ohne das Gewürzsträußchen) im Mixer pürieren und unter Erhitzen durchrühren. Den kleingewürfelten Speck knusprig braten und in das Linsenpüree mischen. Mit Salz, Pfeffer und einer Prise Majoran würzen.
Einige Löffel Bratensauce (wenn vorhanden) zugeben.

Choix de petits légumes aux asperges

Frühlingsgemüse mit Spargel in Kerbelbutter

Rezeptur für 1 Person

60 g junge Karotten, Salz, etwas Butter, 1 Prise Zucker,
30 g Frühlingszwiebeln (ca. 6 Stück),
15 g Zuckererbsen (50 g brutto), 40 g grüne Spargelspitzen,
40 g weiße Spargelspitzen, 50 g gesalzene Butter,
2 EL Wasser, Kerbel

Vorbereiten

Karotten schälen und waschen und mit wenig Wasser, Salz, einem nußgroßen Stück Butter langsam gar dünsten oder dämpfen. Sie sollen noch Biß haben. Mit einer Prise Zucker glacieren.
Die Frühlingszwiebeln wie die Karotten behandeln.
Zuckererbsen ausbrechen. Sollten sie sehr groß sein, müssen sie kurz abgekocht werden.
Spargelspitzen waschen und in stark gesalzenem Wasser kochen oder dämpfen.
Kerbel waschen und zupfen.

Zubereiten

Die gesalzene Butter zusammen mit 2 Eßlöffeln kaltem Wasser und dem Kerbel zum Kochen bringen, die rohen Zuckererbsen und die restlichen Gemüse beigeben und alles zusammen heißschwenken. Auf heißem Teller servieren.

Ragout de marrons, oignons, céleris-raves et truffes noires

Ragout aus Maronen, kleinen Zwiebeln, Knollensellerie und schwarzen Trüffeln

Rezeptur für 4 Personen

Für die Zwiebeln:

300 g Frühlingszwiebeln, 3 Stück Würfelzucker, Salz, weißer Pfeffer aus der Mühle, 10 g Butter, Wasser

Für die Maronen:

300 g Maronen, 4 Stück Würfelzucker, 10 g Butter, 1/4 einer Fenchelknolle, Salz, ca. 2 l Geflügelbrühe oder Wasser

Für die Knollensellerie:

1 Knollensellerie à 300 g, 10 g Butter, Saft einer halben Zitrone, Salz, eine Prise Zucker, Wasser

Für die Trüffeln:

2 frische schwarze Trüffeln, 4 cl Madeira, 4 cl Geflügelbrühe (siehe Grundrezept Seite 279), Salz, weißer Pfeffer aus der Mühle

Vorbereiten

Zwiebeln: Wenn nötig, die äußere Schale der Zwiebeln entfernen, das Grüne abschneiden und den Wurzelansatz sauber schaben. Anschließend waschen und abtrocknen.
Maronen: Die Maronen werden mit einem spitzen Messer rundherum eingeschnitten. Auf einem Blech im heißen Ofen platzt die Schale auf und läßt sich, ebenso wie die Haut, leicht ablösen. Die geschälten Maronen werden dann zusammen mit dem Fenchel, bedeckt mit Wasser oder Geflügelbrühe, zum Kochen gebracht und langsam weichgekocht. Danach abschütten.
Sellerie: Die Sellerie bürsten, waschen und schälen. In 4 cm

lange und 1/2 cm dicke Stifte schneiden und mit einem kurzen, scharfen Messer zu Ovalen formen.
Trüffeln: Die Trüffeln bürsten, waschen, in ebenso große Stücke schneiden wie die Sellerie und dann leicht abrunden.

Zubereiten

Zwiebeln: In einer kleinen Kasserolle 3 Eßlöffel Wasser und den Würfelzucker karamelisieren lassen, Zwiebeln beigeben, salzen und pfeffern. Mit Butter und einigen Löffeln Wasser ablöschen - diesen Vorgang mehrmals wiederholen, bis die Zwiebeln weichgedämpft sind und im eigenen Saft glacieren. (Der Saft soll sie als eine feste Hülle umgeben.)
Maronen: Die Butter aufschäumen lassen, den Würfelzucker hineingeben und leicht bräunen. Zuletzt die Maronen beigeben, mit Salz bestreuen und heißrühren.
Sellerie: Die Selleriestücke in etwas Butter und Zitronensaft anschmelzen und mit Salz und einer Prise Zucker würzen. Knapp mit Wasser bedecken und weichkochen. Die Flüssigkeit muß völlig verdünstet sein.
Trüffeln: In Madeira und der Geflügelbrühe werden die Trüffeln etwa 20 Minuten lang gedünstet. Den Saft läßt man bis zur Dickflüssigkeit einkochen. (Er kann für die Sauce zu Rebhuhn-Koteletts verwendet werden.)

Witzigmann rät

Dieses Ragout schmeckt auch ohne Trüffeln hervorragend. Die Trüffelreste können aber für die Zubereitung anderer Saucen verwendet werden.

Flan de betterave

Rote-Rüben-Flan

Rezeptur für 4 Personen

200 g Rote Rüben, 15 g Butter, 1/4 l Sahne, 1 Ei, Salz, weißer Pfeffer

Gerät:

4 Auflaufförmchen

Die sauber geschälten Roten Rüben werden in feine Scheibchen geschnitten und in Butter leicht angedünstet. Die Sahne angießen und die Roten Rüben bei niedriger Temperatur weichdünsten.
Die Masse wird nun in den Mixer gegeben und zuerst mit dem Eigelb vermischt. Anschließend das Eiweiß zufügen und mit Salz und Pfeffer würzen. Nun die Masse in die gebutterten Förmchen füllen und im Wasserbad bei 160 Grad in ca. 50 Minuten im Ofen ausbacken.

LES DESSERTS

Desserts

Von den kühlen Sorbets über das warme Lebkuchen-Soufflé zu den heißen Honigkirschen reicht die Skala der Möglichkeiten beim Dessert. Witzigmanns ganz persönliche Vorliebe aber gilt den süßen Traditionen seiner Heimat Österreich. Und so empfiehlt er einem besonders lieben Gast und seinen Lesern zur Nachahmung auch Kaiserschmarrn, Dukatenbuchteln, Wiener Schmankerl-Parfait oder Milchrahmstrudel.

Altwiener Schmankerl-Parfait

Dukatenbuchteln

Mohnnudeln

Les cerises pochées au miel, glace à la canelle

Frische Kirschen in Honig gedünstet – mit Zimteis serviert

Rezeptur für 4 Personen

500 g dunkle, vollreife Kirschen, 4 EL Pistazienkerne, ungeschält, 1 dl Beaujolais, 1 dl Porto rouge, 1 dl Cassis-Likör, 1 Gewürznelke, 2 EL Kirschwasser, 1 Messerspitze Kartoffelmehl, 2 EL frischer Bienenhonig, Saft einer halben Zitrone, 1 Prise Cayennepfeffer

Für das Zimteis:

3 ganze Eier, 3 Eigelb, 70 g Zucker, 1/4 l Milch, 1/4 l Sahne, 5 Zimtstangen

Vorbereiten

Die Kirschen waschen, Stiele entfernen und entkernen, die Pistazienkerne in Wasser aufkochen. Danach das Wasser abschütten, die Haut mit einem Tuch abreiben und die Pistazienkerne nochmals sauber verlesen.

Zubereiten

Kirschen: Beaujolais, Porto rouge und Cassis-Likör zusammen mit der Gewürznelke aufkochen und die entsteinten Kirschen darin ca. 8 Minuten dünsten. Danach die Kirschen und die Gewürznelke wieder herausnehmen und die Flüssigkeit bis auf ein Drittel einkochen lassen.
Das Kirschwasser mit dem Kartoffelmehl verrühren und zu der restlichen Flüssigkeit geben. Noch einmal aufkochen lassen. Nun die Kirschen, den Honig und den Zitronensaft hinzufügen und heißschwenken. Zuletzt mit ganz wenig Cayenne bestreuen.
Zimteis: Die ganzen Eier und die Eidotter mit dem Zucker schaumig schlagen. Die Milch mit Sahne und den Zimtstangen aufkochen und nach und nach vorsichtig auf die Eimasse geben. Danach die Flüssigkeit wieder in den Topf zurückschütten und – ohne zu kochen – mit einem Kochlöffel »zur Rose«

(siehe Fußnote Seite 270) abziehen. Durch ein Spitzsieb passieren und erkalten lassen. Anschließend in der Eismaschine drehen.

Anrichten

Die heißen Kirschen auf tiefen Tellern verteilen, die ganzen Pistazienkerne darüberstreuen und erst kurz vor dem Servieren das Zimteis in die Mitte setzen. (Foto Seite 265)

Figues fraîches pochées à la Grenadine

Frische Feigen in Cassis-Likör gedünstet

Rezeptur für 4 Personen

12 frische schwarze Feigen, 20 g Butter, 4 cl Cassis-Likör, 4 cl Weißwein, 200 g Himbeeren, 1 EL Puderzucker, 2 ungespritzte Limetten, 4 cl Grenadin, Cayenne

Gerät:

1 feuerfeste Form

Vorbereiten

Die Feigen waschen, die Enden mit einem scharfen Messer abschneiden. Mit einer Stecknadel rundherum die Haut einstechen.
Eine feuerfeste Form mit Butter ausstreichen und die Feigen hineinsetzen. Mit Cassis-Likör und Weißwein untergießen und im vorgeheizten Backofen bei 180° auf dem Gitter zugedeckt 40 Minuten sachte ziehen lassen. Danach in der Flüssigkeit auskühlen lassen.
Die Himbeeren putzen, durch ein Haarsieb streichen und mit Puderzucker verrühren.
Limetten waschen und schälen. Die Schale einer Frucht in hauchdünne Streifen schneiden. Die Filets herausheben und auf ein Sieb zum Abtropfen legen. Den Saft aufheben.

Zubereiten

Die Limettenschalen-Streifen in Wasser aufkochen, abschütten, den Grenadin hinzufügen und weichkochen.
Die Feigen aus dem Sud nehmen und diesen zusammen mit dem Limettensaft rasch bis zur Dickflüssigkeit einkochen. Das Himbeermark und die Feigen hineingeben und leicht erwärmen. Im letzten Moment werden die Limettenfilets und die -schalenstreifen vorsichtig in die Sauce gegeben – nicht mehr kochen lassen. Mit ganz wenig Cayenne bestreuen.

Anrichten

Die Feigen auf vorgewärmten tiefen Tellern verteilen, Limettenfilets und -schalenstreifen darüber anordnen, mit der Sauce begießen. (Foto Seite 264)

Sorbet au safran

Safran-Sorbet

1/2 l Wasser, 110 g Zucker, 1 g Safran-Fäden, 5 Zitronen, 1 cl Pernod

Wasser, Zucker und Safran-Fäden aufkochen und dann wieder abkühlen lassen. Dann Zitronen auspressen, den Zitronensaft und den Pernod untermischen und das Ganze in der Sorbetiere drehen.

Sorbet à l'orange estragoné

Orangen-Sorbet mit Estragon

1/2 l frisch ausgepreßter Orangensaft, 100 g Zucker,
5 Stückchen Orangenschale (von ungespritzter Frucht),
5 Stücke Würfelzucker (an Orangenschale abgerieben),
20 g frisch gezupfter Estragon, 1 Zitrone

Zubereiten

Sämtliche Zutaten und die Estragonstengel zusammen kurz aufkochen und abkühlen lassen, Orangenschalen entfernen. Das Ganze in die Sorbetiere geben und drehen.

Witzigmann rät,

dieses Sorbet auch einmal mit Mandarinen statt Orangen zu versuchen.
Der frisch gezupfte Estragon wird übrigens erst ganz zum Schluß beigegeben.

Sorbet aux mangues

Sorbet aus Mangofrüchten

1/4 l Wasser, 120 g Zucker, 1/4 von einer frischen Ingwerknolle,
1/4 l Püree von vollreifen Mangofrüchten, 2 Zitronen

Wasser, Zucker und die in Stückchen geschnittene Ingwerknolle kurz aufkochen, auskühlen lassen und dann passieren. Mit dem Mangofrucht-Püree und dem Zitronensaft gut vermischen. In der Sorbetiere drehen.

Sorbet à la menthe

Minze-Sorbet

1/2 l Wasser, 120 g Zucker, 5 Stengel Minze (von krauser Minze), 2 cl trockener Weißwein, 2–3 Zitronen, 1 Eiweiß

Zubereiten

1/4 l Wasser und 100 g Zucker kurz aufkochen und abkühlen lassen.
Das übrige Wasser mit Minze, Weißwein und dem Saft der Zitronen aufkochen und nach dem Abkühlen auf ein Sieb gießen. Die Flüssigkeit zusammen mit der Zucker-Wasser-Lösung in die Sorbetiere geben und drehen. Inzwischen das kalte Eiweiß im fettfreien Schneekessel mit dem Zucker sehr steif schlagen und unter das Sorbet heben.

Anrichten

In geeiste Kelchgläser kommen einige Tropfen Minze-Likör, darauf das Sorbet, verziert mit einem Minzeblatt und wenigen roten Johannisbeeren; mit einigen Spritzern Minze-Likör krönen.

Pêches au four (à la crème)

Frische Pfirsiche auf Himbeersauce

Rezeptur für 6 Personen

6 große vollreife Pfirsiche, etwas Zucker, Saft einer halben Zitrone, 12 Makronen, 4 cl Maraschino, 1/4 l Sahne, 10 g Butter, 1 dl Weißwein, 1 Vanilleschote

Für die Himbeersauce:

150 g Himbeeren, 80 g Zucker, 2 cl Kirschwasser

Vorbereiten

Die Pfirsiche waschen und mit einem Tuch trockentupfen. Anschließend halbieren und entkernen. Auf der Schnittfläche leicht mit Zucker bestreuen und mit etwas Zitronensaft beträufeln.
Die Makronen mit Maraschino tränken; die Sahne steifschlagen.

Zubereiten

Himbeersauce: Die gewaschenen Himbeeren durch ein Haarsieb streichen, mit Zucker glattrühren und mit Kirschwasser geschmacklich abrunden. Kalt stellen.
Pfirsiche: Eine feuerfeste Glasschüssel leicht mit Butter ausstreichen und mit etwas Zucker ausstreuen. Den Weißwein hineingießen und die Pfirsiche mit der Schnittfläche nach oben daraufsetzen.
Im vorgeheizten Backofen (220°) in ca. 20 Minuten weichdünsten. Herausnehmen und abkühlen lassen.

Anrichten

Die eiskalte Himbeersauce auf 6 Desserttellern verteilen, je zwei Pfirsichhälften daraufsetzen. In die Mitte jeder Pfirsichhälfte etwas Schlagsahne geben und je eine Makrone daraufsetzen. (Foto Seite 264)

Pêches »Haeberlin«

Frische Pfirsiche »Haeberlin«

Rezeptur für 10 Personen

Für die Pfirsiche:

10 weiße Pfirsiche, 3/4 l Wasser, 250 g Zucker, 1 Vanilleschote

Für das Pistazien-Eis:

100 g abgezogene Pistazien, 300 g Zucker, 10 Eigelb, 1/2 l Milch, 1/2 l Sahne

Für den Sabayon:

100 g Zucker, 6 Eigelb, 1/4 l Champagner brut

Vorbereiten

Die Pistazien sehr fein zerstoßen. Die Pfirsiche für 2 Sekunden in kochendes Wasser tauchen, in Eiswasser abkühlen und die Haut abziehen.

Zubereiten

Pistazien-Eis: Zucker und Eigelb schaumig schlagen.
Milch mit der Sahne aufkochen und nach und nach zu der Eimasse geben. In den Kochtopf zurückschütten und langsam »zur Rose« (siehe Fußnote S. 270) abziehen. Anschließend durch ein Spitzsieb passieren.
Die fein zerstoßenen Pistazien unter die Masse schlagen, abkühlen lassen und in der Eismaschine drehen.
Pfirsiche: Wasser mit Zucker und Vanilleschote aufkochen. Den Schaum abschöpfen und darin die Pfirsiche in ca. 5 Minuten garziehen. Anschließend abkühlen lassen.
Sabayon: Zucker und Eigelb schaumig rühren. Den Champagner erhitzen, zu der Eimasse geben und über Wasserdampf oder im Wasserbad steif schlagen. Von der Kochstelle nehmen und kalt rühren.

Anrichten

Pfirsiche und je eine Kugel Pistazien-Eis auf kalte Teller setzen und den Sabayon darübergeben. Man kann das Dessert noch mit einem Tupfer Schlagsahne garnieren.

Witzigmann rät,

dasselbe Rezept auch einmal mit frischen Erdbeeren zu versuchen.

Soufflé de pain d'épices au sabayon de bière brune

Warmes Lebkuchen-Soufflé mit Altbier-Sabayon und Preiselbeeren

Rezeptur für 6 Personen

Für das Lebkuchen-Soufflé:

80 g weiche Kochschokolade,
140 g Lebkuchen-Oblaten (Wicklein),
Butter und (Kartoffel-)Grieß-Zucker-Mischung für die Förmchen,
80 g Butter, 60 g Zucker, 4 Eigelb, 4 cl lauwarme Milch,
1 Messerspitze Zitronenschale, 60 g gehackte Walnüsse, 4 Eiweiß,
10 g Zucker

Für den Altbier-Sabayon:

1/8 l Altbier, 20 g Zucker, Saft einer halben Zitrone, 1 Messerspitze Zimt, 4 Eigelb

500 g frische Preiselbeeren, 200 g Zucker

Gerät:

6 Soufflé-Förmchen von 8 cm Durchmesser und 5 cm Höhe

Vorbereiten

Lebkuchen-Soufflé: Die Kochschokolade im Wasserbad auflösen, Lebkuchen-Oblaten grob raspeln. Die Soufflé-Förmchen gut ausbuttern und mit (Kartoffel-)Grieß-Zucker ausstreuen.
Preiselbeeren: Die Preiselbeeren verlesen und waschen. Zucker hinzufügen und so lange mit dem Schneebesen verrühren, bis der Zucker völlig aufgelöst ist. (Man kann sie auch in das Rührgerät der Küchenmaschine geben.) Kalt stellen.

Zubereiten

Lebkuchen-Soufflé: Butter und Zucker schaumig schlagen, das Eigelb und die weiche Kochschokolade nach und nach hineinrühren.
Die geraspelten Lebkuchen-Oblaten mit lauwarmer Milch anfeuchten und unter die Eigelbmasse mengen, ebenso die abgeriebene Zitronenschale und die gehackten Walnüsse.
Die kalten Eiweiß in einer fettfreien Schüssel mit dem Zucker steifschlagen. Zunächst ein Viertel des Eischnees unter die Masse heben, dann erst den Rest dazugeben.
6 ausgebutterte Soufflé-Förmchen knapp bis zum Rand mit der Masse füllen und im vorgeheizten Backofen in ca. 25–30 Minuten im Wasserbad garziehen lassen.
Altbier-Sabayon: Sämtliche Zutaten in eine Schüssel geben und über Dampf schaumig schlagen; anschließend kalt stellen.

Anrichten

Die Lebkuchen-Soufflés auf tiefe Teller stürzen, mit dem Altbier-Sabayon übergießen und mit einem großen Löffel mit Zucker gerührter Preiselbeeren garnieren.

Witzigmann rät,

diese Art von Preiselbeeren in größeren Mengen auf Vorrat zu machen. Sie halten sich einige Wochen im Kühlschrank und passen wunderbar zu Wildgerichten.

Soufflé à la rhubarbe

Warmer Rhabarber-Auflauf mit frischem Ingwer parfümiert

Rezeptur für 4 Personen

1400 g junger Rhabarber, 70 g Butter, 35 g frischer Ingwer, 1 TL Zimt (gemahlen), 2 Eier, 50 g Zucker

Gerät:

4 Soufflé-Formen (8 cm Durchmesser)

Vorbereiten

Der Rhabarber wird gewaschen und in 4 cm lange Stücke geschnitten. Den frischen Ingwer schälen und in Scheiben schneiden. Die Butter in einem Topf zum Aufschäumen bringen; sodann den gemahlenen Zimt und den geschnittenen Ingwer beigeben und schließlich den Rhabarber zufügen. Das Ganze langsam so lange dünsten lassen, bis das Wasser völlig verdampft ist. Anschließend im Mixer pürieren. Soufflé-Formen ausbuttern und mit Kartoffelmehl ausstauben, damit die Soufflés nicht sitzenbleiben.

Zubereiten

Eigelb und Eiweiß trennen; die beiden Eigelb mit 25 g Zucker verrühren; die Eiweiß unter Beifügung der restlichen 25 g Zucker zu sehr steifem Schnee schlagen.
Nun wird das Rhabarberpüree unter die geschlagenen Eigelb gezogen, dann zunächst ein Viertel des Eischnees beigegeben und schließlich der größere Rest des geschlagenen Eiweiß.
Die lockere Masse in die ausgebutterten Formen geben und im vorgeheizten Ofen bei 220° 10 Minuten backen und sofort servieren. (Foto Seite 291)

Mille feuilles de fraises »Walter Glocker«

Erdbeerstrudel

Rezeptur für 5 Personen

Für den Teig:

150 g Mehl, 1 EL Öl, 1/2 TL Salz, 7 cl Wasser, Öl zum Herausbacken

Für die Füllung:

*100 g Zucker, 3 EL Wasser, 250 g Erdbeeren,
0,3 l Schlagobers (Schlagsahne)*

Für die Sauce:

Saft einer Zitrone, 100 g Erdbeeren, 30 g Zucker

Gerät:

1 Pfanne zum Herausbacken des Teigs, 1 Spritzsack

Vorbereiten

Strudelteig: Wie im Grundrezept Seite 285 beschrieben.
Füllung: Zucker und Wasser zum Kochen bringen; die Erdbeeren dazugeben und einige Male schwenken, aber nicht zu weich kochen. Dann zum Abkühlen auf ein Blech legen.

Zubereiten

Strudelteig: Den Teig ausziehen, mit einem Ausstecher (8 cm Durchmesser) Kreise ausstechen, die in heißem Öl goldgelb herausgebacken und zum Trocknen auf ein Tuch gelegt werden.
Füllung: Die abgekühlten Erdbeeren mit dem Schlagobers vermischen und die Masse mit einem Spritzsack zwischen die gebackenen Strudelteigblätter geben. Das oberste Blatt mit Puderzucker bestäuben.
Sauce: Aus Zitronensaft, Erdbeeren und Zucker im Mixer eine sämige Sauce mixen.

Anrichten

Jeweils einen Erdbeerstrudel auf einem Teller anrichten und ein wenig Erdbeersauce dazugießen. (Foto Seite 293)

Tarte aux poires chaudes à la minute

Birne auf Blätterteig mit Williams-Sabayon

Rezeptur für 6 Personen

3 Williams-Birnen, Saft von 1 Orange und 2 Zitronen,
1 EL Zucker, 3 EL Wasser, 500 g Blätterteig
(tiefgekühlt oder nach Grundrezept Seite 282 zubereitet),
1 Eigelb, Butter für das Backblech

Für den Sabayon:

7 Eigelb, 100 g Zucker, 100 g Schlagsahne,
2 cl Williams-Birnengeist

Vorbereiten

Die Birnen werden geschält, halbiert, das Kerngehäuse wird ausgeschnitten. Den Saft von Orange und Zitronen mit Zucker und Wasser zum Kochen bringen und darin die Birnen weich blanchieren. Abkühlen lassen.
Der Blätterteig wird nun 4 mm dünn ausgerollt und birnenförmig ausgeschnitten. Die Teigstücke auf ein gefettetes Backblech legen, mit Eigelb bestreichen und ruhen lassen.

Zubereiten

Die Birnen werden gut abgetrocknet und jeweils eine Hälfte auf ein birnenförmiges Teigstück gesetzt. Im vorgeheizten Ofen (250°) zunächst so lange backen, bis die Oberfläche Farbe annimmt (ca. 5 Minuten), und dann bei 150° knusprig backen (25 Minuten).

Sabayon: Eigelb und Zucker warm aufschlagen und dann kalt rühren. Schließlich die nur wenig geschlagene Sahne und den Birnengeist einrühren.

Anrichten

Jeweils eine noch warme Birne im Blätterteigbett auf einen Dessertteller legen und mit dem lauwarmen Sabayon nappieren. (Foto Seite 295)

Milchrahmstrudel

Rezeptur für 10 Personen

Für den Teig:

300 g Mehl, 2 EL Öl, 1,5 dl Wasser, 1 TL Salz, Butter zum Ausbuttern der Pfanne und zum Bestreichen des Strudels, etwas Mehl zum Ausstauben der Form

Für die Füllung:

100 g Butter, 100 g Zucker, 4 Eigelb, 330 g Topfen (österr. für Quark), 1/4 l sauren Rahm (Sahne), 4 Eiweiß, 40 g Mehl, Salz, Vanillezucker, 50 g Rosinen, etwas geriebene Zitronenschale

Für die Royal:

1/4 l Milch, 2 Eier, 30 g Zucker

Für die Vanillesauce:

0,7 l Milch, 80 g Zucker, 10 g Cremepulver, 8 Eigelb

Gerät:

1 Backpfanne, 30 cm lang, 20 cm breit

Vorbereiten

Strudelteig: Wie im Grundrezept S. 285 vorbereiten und ruhen lassen.
Füllung: Butter und ein Drittel des Zuckers schaumig rühren, ein Eigelb nach dem andern beigeben. Dann wird in die geschmeidige Masse der Topfen eingerührt und auch der Sauerrahm dazugegeben. Eiweiß zusammen mit dem restlichen Zukker zu Schnee schlagen und vorsichtig unter die Füllmasse heben. Dann die Geschmackszutaten und zum Schluß das Mehl unterrühren.

Zubereiten

Die Hälfte des Strudelteigs wird ausgezogen, wie es im Grundrezept beschrieben ist, und auf jeweils eine Hälfte des Teiges kommt die Hälfte der Füllung. Mit Hilfe des bemehlten Tuches wird der Teig eingerollt, die Enden werden abgekniffen. Nun legt man die beiden Strudel in die mit Butter bestrichene und mit Mehl bestäubte Pfanne ein, bestreicht sie mit geschmolzener Butter und backt sie im vorgeheizten Backofen (160°).
Royal: Die Milch aufkochen und die mit dem Zucker verquirlten Eier langsam und unter ständigem Rühren hineingeben. Nach 15 Minuten Backzeit wird der Strudel mit der Royal übergossen und muß nun noch weitere 55 Minuten backen, bevor er aus dem Ofen genommen und in Portionen geschnitten wird. Inzwischen wird die
Vanillesauce bereitet, indem man drei Viertel der Milch aufkocht, die restliche Milch mit Zucker, Cremepulver und Eigelb verrührt und diese Mischung in die kochende Milch gibt.

Anrichten

Der warme Milchrahmstrudel wird auf einem Teller angerichtet und mit der heißen Vanillesauce übergossen. Als Dessert gereicht er auch dem anspruchsvollsten Festmenü zur Zierde. (Foto Seite 297)

Pêches au four

Figues fraîches pochées à la Grenadine

dazu:
Champagner Krug Crémant
oder
Louis Roederer 1969

Les cerises pochées au miel, glace à la canelle

Dukatenbuchteln

Rezeptur für 4–6 Personen

Für die Dukatenbuchteln:

250 g Mehl, 20 g Hefe, ca. 2 dl Milch, 50 g Butter, 40 g Zucker, Salz, Zitronenschale, 2 EL Rum

Für die Sauce:

1/2 l Milch, 30 g Puddingpulver, 80 g Zucker, 2 Eigelb, 1 Vanillestange

Vorbereiten

Dukatenbuchteln: Mehl in eine Schüssel geben, in die Mitte eine Vertiefung drücken, die zerbröckelte Hefe mit einem Teelöffel Zucker hineingeben, mit etwas lauwarmer Milch übergießen und mit wenig Mehl verrühren, so daß ein flüssiger Vorteig entsteht. Zudecken, warm stellen und den Vorteig 20–30 Minuten gehen lassen. Dann nach und nach die restliche Milch, die erwärmte, nicht flüssige Butter, Zucker und die Eigelb sowie Salz, Zitronenschale und Rum hinzufügen. Kräftig durcharbeiten und mit dem Rührlöffel schlagen, bis der Teig Blasen wirft und sich vom Schüsselrand löst. Nochmals zugedeckt gehen lassen, bis sich die Teigmenge auf das Doppelte vergrößert hat.

Zubereiten

Dukatenbuchteln: Nun den Teig 1 bis 1 1/2 cm dick ausrollen und 8 × 8 cm große Quadrate schneiden oder ausradeln. Dicht nebeneinander auf ein gefettetes Backblech setzen und nochmals 20–25 Minuten gehen lassen. Anschließend im auf 200° vorgeheizten Backofen ca. 25 Minuten backen.
Sauce: Puddingpulver mit Zucker und etwas kalter Milch glattrühren. Milch mit der halbierten Vanilleschote zum Kochen bringen, dann von der Kochstelle nehmen und das angerührte Puddingpulver einrühren. Noch einmal gut durchkochen. Zu-

letzt die beiden Eigelb unterrühren, aber nicht mehr kochen lassen. Passieren und kalt rühren. Die Buchteln damit übergießen. (Foto Seite 249)

Mohnnudeln

Rezeptur für 4–6 Personen

300 g mehlige Kartoffeln, 100 g Mehl, 110 g Butter, 1 Eigelb, 100 g Mohn, etwas (Puder-)Zucker zum Bestreuen

Vorbereiten

Die Kartoffeln in der Schale kochen, anschließend abpellen und passieren.

Zubereiten

Die passierten Kartoffeln zusammen mit Mehl, 30 g Butter und einem Eigelb zu einem Teig verarbeiten.
Danach zu einem 2 cm dicken Strang ausrollen, in ganz kleine Stücke schneiden und zu kleinen runden Nudeln formen. In Salzwasser etwa 3–5 Minuten kochen. Anschließend herausnehmen, mit Mohn bestreuen und durchschwenken und mit 80 g erhitzter Butter beträufeln. (Foto Seite 249)

Altwiener Schmankerl-Parfait

Rezeptur für ca. 10 Personen

125 g Zucker, 125 g Mehl, 3 Eier, 1 l Sahne, 200 g Puderzucker

Vorbereiten

Zucker, Mehl, Eier gut miteinander verrühren. Den Teig hauchdünn auf ein gefettetes Backblech streichen und schnell knusprig backen. Mit einem Spatel vom Blech herunterziehen und in kleine Teile zerbrechen.

Zubereiten

Die Sahne mit dem Puderzucker steifschlagen und mit der Hälfte der Schmankerl vermischen. In Portionsförmchen füllen und kalt stellen.

Anrichten

Vor dem Stürzen werden die Förmchen in heißes Wasser getaucht (eventuell mit einer Gabel aus der Form gedreht). Mit den restlichen Schmankerln dekorieren. Falls die Schmankerl tiefgekühlt sind, müssen sie etwa 10 Minuten vor dem Servieren aufgetaut werden. (Foto Seite 249)

Witzigmann rät,

dazu frische gedünstete Sauerkirschen oder Preiselbeeren zu reichen.

Kaiserschmarrn »Wolfgang Tengler«

Rezeptur für 4 Personen

Für den Kaiserschmarrn:

180 g Mehl, 3/8 l Milch, 8 Eier, 4 EL Sahne, 50 g Butter, 30 g Rosinen, 80–100 g Zucker, Puderzucker zum Bestreuen

Für die Beilage:

200 g Zucker, 3 EL Wasser, 1 Zimtrinde, 800 g Zwetschgen

Vorbereiten

Beilage: Die Zwetschgen waschen, halbieren und entkernen.

Zubereiten

Kaiserschmarrn: Mehl, Milch und Eigelb glattrühren. Eiweiß zu steifem Schnee schlagen und zusammen mit der Sahne untermengen.
Butter in einer Pfanne erhitzen, die Masse einfüllen, Rosinen einstreuen und im vorgeheizten Backofen bei 180° backen. Wenn die Unterseite des Schmarrens goldbraun ist, mit zwei Gabeln wenden und in ca. 3 cm große Stücke reißen. Mit Zucker bestreuen und fertig backen.
Beilage: Wasser mit Zucker und Zimtrinde aufkochen, die Zwetschgen hineingeben und weichdünsten. Anschließend abkühlen lassen.

Anrichten

Den Kaiserschmarrn auf eine vorgewärmte Platte stürzen und mit Puderzucker bestreut servieren. Die Zwetschgen werden getrennt dazu gereicht.

Les fines crêpes aux myrtilles

Kleine Pfannkuchen mit Heidelbeeren auf geeister Vanillesauce

Rezeptur für 4–6 Personen

Für den Pfannkuchenteig:

70 g Mehl, 3 Eigelb, 30 g Zucker, 1 Prise Salz, ca. 1/8 l Milch, 20 g Butter, 2 Eiweiß, 30 g Zucker

Für die geeiste Vanillesauce:

1/2 Vanilleschote, 1/4 l Milch, 80 g Zucker, 6 Eigelb, 1 dl Sahne, 2 Kugeln Vanille-Eis

50 g Butter, ca. 250 g Heidelbeeren, etwas Puderzucker

Vorbereiten

Pfannkuchenteig: Mehl sieben und mit Eigelb, Zucker, Salz und Milch zu einem glatten Teig verrühren. Butter zerlaufen lassen und hinzufügen. Den Teig dann mindestens 1 Stunde ruhen lassen.
Erst kurz vor dem Backen die Eiweiß mit dem Zucker zu sehr festem Schnee schlagen und vorsichtig unter den Teig heben.
Vanillesauce: Vanilleschote aufbrechen und das Mark herauskratzen. Die Milch aufkochen.
Zucker, Eigelb und das Vanillemark schaumig schlagen, die kochendheiße Milch nach und nach beigeben und diese Eier-Milch langsam unter ständigem Rühren zur »Rose«* abziehen. Durch ein Sieb in eine Schüssel passieren und erkalten lassen.

* Dieser blumige Ausdruck besagt, daß die Rückseite des Holzlöffels beim Herausziehen leicht mit der Sauce bedeckt ist, die sich beim Daraufblasen zu einem Gebilde in Rosenform öffnet.

Zubereiten

In einer Pfanne mit dickem Boden ganz wenig geklärte Butter erhitzen und darin kleine Pfannkuchen (ca. 3 cm Durchmesser) verteilen und backen, bis sie an der Unterseite Farbe annehmen. Mit Heidelbeeren bestreuen, mit Puderzucker bestäuben und für einige Minuten in den heißen Ofen oder unter den Salamander schieben.

Anrichten

Auf tiefen Tellern wird zunächst die Vanillesauce verteilt. Darauf gibt man pro Person drei kleine Heidelbeer-Pfannkuchen. *Vanillesauce:* Erst kurz vor dem Servieren die geschlagene Sahne und die Eiskugeln unter die Sauce ziehen.

Witzigmann rät,

den interessanten Kontrast zwischen heiß und kalt dadurch zu unterstreichen, daß man die Pfannkuchen sofort und ganz heiß serviert.

Tulipe de figues au miel de pousses de sapin

Mandel-Tulpe mit Tannenwipfelhonig-Eis und Brombeersauce

Rezeptur für 4 Personen

Für das Tannenwipfelhonig-Eis:

3 ganze Eier, 3 Eigelb, 2 dl Tannenwipfelhonig, 1/4 l Sahne, 1/4 l Milch

Für das Mandelgebäck:

2 ganze Eier, 80 g Zucker, 80 g gehobelte Mandeln, 20 g Mehl, pro Person 2–3 frische Feigen

Für die Brombeersauce:

250 g frische Brombeeren, 4 cl Cassis-Likör

Vorbereiten

Die reifen Feigen schälen und halbieren. Die Brombeeren passieren und mit dem Cassis-Likör verrühren.

Zubereiten

Tannenwipfelhonig-Eis: Eier, Eigelb und Tannenwipfelhonig schaumig schlagen, Milch und Sahne zum Kochen bringen und nach und nach unter die Ei-Honig-Masse ziehen. Das Ganze wird langsam »zur Rose« (siehe Fußnote Seite 270) abgezogen, durch ein Sieb gegeben und abgekühlt. Die Masse schließlich in die Eismaschine geben und so lange drehen lassen, bis das Eis die gewünschte Konsistenz hat.
Mandelgebäck: Eier und Zucker schaumig rühren, das mit den gehobelten Mandeln gemischte Mehl daruntergeben. Die Teigmasse auf einem eingeölten Blech hauchdünn in Form von Kreisen (ca. 6 cm) verteilen und im vorgeheizten Ofen hellbraun backen. Ein kugeliges Glas leicht mit Öl bestreichen. Nun müssen die gebackenen Mandelkreise mit einer Spachtel vorsichtig abgehoben, auf das Glas gesetzt und zu einer Tulpe

geformt werden (3 Kreise ergeben 1 Tulpe). Ganz vorsichtig anpressen.

Anrichten

In die Mandel-Tulpen bettet man das Tannenwipfelhonig-Eis, darauf werden die halbierten Feigen arrangiert; schließlich wird das Ganze mit der Brombeersauce begossen.

Witzigmann rät,

das gleiche Rezept statt mit Feigen auch einmal mit Birnen zu versuchen.

Crème bavaroise parfumée au Kirsch

Rezeptur für 4 Personen

1/4 l Milch, 1/2 Vanilleschote, 4 Eigelb, 100 g Zucker, 4 Blatt weiße Gelatine, 3 dl Sahne, 2 cl Kirschwasser

Vorbereiten

Vanilleschote auskratzen. Gelatine einweichen (ausdrücken und in heißem Wasser auflösen).

Zubereiten

Die Milch mit der ausgekratzten Vanilleschote aufkochen und 10 Minuten ziehen lassen. Vanilleschote herausnehmen.
Eigelb mit Zucker zu einer cremigen Masse schlagen. Ein Viertel der Vanille-Milch unter ständigem Rühren hinzufügen.
Die Eigelbmasse zu der restlichen Vanille-Milch geben und mit dem Kochlöffel »zur Rose« (siehe Fußnote Seite 270) abziehen.
Die aufgelöste Gelatine hinzufügen. Anschließend die Creme durch ein Sieb passieren und auskühlen lassen.
Sahne steif schlagen und unter die kalte Creme ziehen; das Kirschwasser ebenfalls beigeben.

Anrichten

In Gläser oder Förmchen füllen und im Kühlschrank kalt stellen. Ein vorzügliches Accessoire zur Crème bavaroise sind pochierte Kirschen oder frische Himbeeren oder Erdbeeren.

Haselnußtorte mit Quark

100 g Butter, 100 g Zucker, 4 Eigelb, 100 g Quark,
100 g Haselnüsse (gerieben),
1 Messerspitze Zitronenschale (gerieben), 4 Eiweiß,
1 Prise Salz, Aprikosen-Marmelade zum Bestreichen,
50 g Bitter-Schokolade,
Puderzucker mit Vanillegeschmack (zum Bestreuen)

Gerät:

Tortenform von 26 cm Durchmesser, 5,5 cm hoch; 1 Schneekessel

Vorbereiten

Die Tortenform mit Butter ausstreichen und mit Mehl ausstauben. Quark durch ein Haarsieb streichen. Die Haselnüsse mahlen.
Eigelb und Eiweiß trennen (Eiweiß kalt stellen). Die bittere Schokolade reiben.

Zubereiten

Die handwarme Butter und 50 g Zucker mit dem Kochlöffel in einer Schüssel schaumig rühren. Nach und nach die Eigelb hinzufügen. Schließlich Quark, Haselnüsse und Zitronenschale (von ungespritzter Frucht!) unterrühren.
Das kaltgestellte Eiweiß in einem Schneekessel, der nicht fettig sein darf, zusammen mit dem restlichen Zucker und Salz, sehr steif schlagen. Ein Viertel des Eischnees unter den Teig ziehen, dann erst den übrigen Eischnee locker einrühren.

Die Masse in die gebutterte und bemehlte Tortenform füllen und die Torte im vorgeheizten Ofen bei 180° 35 Minuten backen. Nach dem Abkühlen auf eine Tortenplatte stürzen. Die mit etwas Wasser aufgekochte Aprikosen-Marmelade als dünne Schicht auf die Torte streichen und abkühlen lassen. Schließlich mit der geriebenen Bitter-Schokolade und dem Vanille-Puderzucker bestreuen.

Witzigmann rät

In ein Gefäß mit Puderzucker einige Vanille-Stangen stecken und für einige Tage fest verschließen. Der Zucker bekommt so ein volles Vanille-Aroma.

Mohnkuchen

150 g Mohn, 80 g Haselnüsse, 6 Eier, 100 g Puderzucker, 150 g Butter, 1/2 Zitrone (Saft und Schale), 1 Prise Salz, Schokoladenglasur

Gerät:

Kleine Kasten-Backform, 30 cm lang, 7 cm hoch

Vorbereiten

Mohn und Haselnüsse mahlen, Eigelb und Eiweiß trennen, Eiweiß kalt stellen, Puderzucker sieben. Kuchenform ausbuttern.

Zubereiten

Butter und Eigelb schaumig schlagen, dann 50 g gesiebten Puderzucker unterrühren sowie Saft und Schale der (ungespritzten) Zitrone beigeben und nochmals gut durchrühren. Das kalte Eiweiß mit Salz und dem restlichen Puderzucker sehr steif schlagen, ein Viertel des Schnees zusammen mit Mohn und Nüssen unter den Teig mengen. Schließlich den restlichen

Eischnee vorsichtig unterheben. Den Teig in die Kastenform geben und im vorgeheizten Backofen bei 190° ca. 50–60 Minuten backen. Eine Weile ruhen lassen und dann auf einen Backrost stürzen. Nach dem völligen Abkühlen mit Schokoladenglasur überziehen.

Witzigmann rät,

die gebutterte Kastenform mit etwas Mehl auszustauben, damit bestimmt nichts sitzenbleibt.

LE PRÉPARATIONS DE BASE

Grundrezepte

Jus de veau et glace de viande

Braune Kalbsbrühe und Fleischglace

4 kg Kalbsknochen, 1 kg Zwiebel, 300 g Tomatenpüree,
12 l Wasser, 100 g Petersilienstengel

Kalbsbrühe: Die Kalbsknochen ohne Fett in eine Bratpfanne geben. Im vorgeheizten Backofen (220°) knusprig braun anbraten, Zwiebel und Tomatenpüree beigeben und alles zusammen ca. 30 Minuten anrösten.
Nun gibt man die Knochen in einen großen Kochtopf, füllt mit dem kalten Wasser auf, schöpft sofort das aufschäumende Fett ab und läßt sie langsam ca. 6 Stunden köcheln. Das Fettabschöpfen ständig wiederholen.
Anschließend durchpassieren. Die Brühe wieder aufkochen, Petersilie beigeben und nochmals 1 Stunde leicht kochen lassen. Danach erneut durchpassieren.
Fleischglace: Eine Fleischglace gewinnt man, indem man die so gewonnene Kalbsbrühe bis zu einem Liter einkocht. Sie muß schließlich von dickflüssiger Konsistenz sein.

Witzigmann rät

Da Sie die Fleischglace für die Zubereitung vieler Gerichte benötigen, sollten Sie immer einen Vorrat davon in der Tiefkühltruhe haben.

Court bouillon

Bouillon konzentriert

1 l Wasser, 1/4 l trockener Weißwein, 1 ungeschälte Knoblauchzehe, 1/2 EL grobes Salz, 2 Petersilienstengel, 1 Basilikumstengel, 1 Thymianzweig, 1 kleines Lorbeerblatt, 1 Gewürznelke, 60 g engl. Sellerie, 40 g junge Karotten, 1 Zwiebel, 5 weiße Pfefferkörner

Vorbereiten

Sellerie und Karotten schälen, waschen und in nicht zu dünne Scheiben schneiden. Die Zwiebel schälen und ebenfalls in Scheiben schneiden.

Zubereiten

Wasser und Wein in einen Topf geben, die kleingeschnittenen Gemüse und sämtliche Aromaten außer den Pfefferkörnern hinzufügen, aufkochen und ca. 35 Minuten kochen lassen. Danach die zerdrückten Pfefferkörner beigeben und die Bouillon durch ein Sieb passieren.

Fond blanc de volaille

Klare Geflügelbrühe

1 kg Geflügelknochen oder ein frisches Suppenhuhn, 50 g engl. Sellerie, 50 g Lauch (nur das Weiße), 1 mittelgroße Zwiebel (ca. 50 g), 1 Gewürznelke, 1 Thymianzweig, 1 kleines Lorbeerblatt, 30 g Petersilienstengel, 2 Liter Wasser, Salz, 10 weiße Pfefferkörner

Vorbereiten

Die Geflügelknochen zerkleinern oder das Suppenhuhn ausnehmen, absengen und binden.
Sellerie und Lauch waschen und in 1 cm große Würfel schneiden, die Zwiebel ebenfalls in Würfel schneiden. Petersilienstengel mit einem Faden zusammenbinden.

Zubereiten

In einem großen Topf die Geflügelknochen bzw. das Huhn mit kaltem Wasser langsam zum Kochen bringen. Man läßt es leise köcheln. Schaum und Fett werden von der Oberfläche ständig abgeschöpft.
Erst nach ca. anderthalb Stunden werden sämtliche Gemüse und Aromaten außer den Pfefferkörnern dazugegeben. (Eventuell vorhandene Champignonschalen oder -stiele verfeinern die Brühe noch.) Noch einmal eine Stunde ziehen lassen. Erst 10 Minuten vor dem Ende der Kochzeit gibt man die Pfefferkörner und wenig Salz dazu.
Dann wird die Geflügelbrühe durch ein Spitzsieb passiert, wobei Gemüse und Aromaten kräftig ausgepreßt werden. Nochmals entfetten und dann kalt stellen.

Fond de chevreuil

Rehbrühe

1 Stück engl. Sellerie (ca. 50 g), 1 Schalotte (50 g), 1 Karotte (30 g), 1 Zweig frischer Thymian, 5 Wacholderbeeren, 1 Lorbeerblatt, 2 Gewürznelken, $^{3}/_{4}$ l Burgunder, $^{1}/_{2}$ dl Olivenöl, 500 g Knochen und Sehnen vom Rehrücken, 1 EL Butter, 1 EL Olivenöl, 1–2 l Wasser

Vorbereiten

Aus Sellerie, Schalotte, Karotte, Thymian, Wacholderbeeren, Lorbeerblatt, Gewürznelken, $^{3}/_{4}$ Liter Burgunder und Olivenöl eine Marinade bereiten. Knochen und Sehnen in kleine Stücke hacken und einen Tag lang in die Marinade legen. Nicht zu kalt stellen.

Zubereiten

Anschließend wird das Ganze durch ein Sieb passiert. Knochen, Sehnen, Gemüse und Aromaten in je 1 Eßlöffel Butter und Olivenöl anbraten und dann mit der vorher aufgekochten Rotweinmarinade auffüllen. Fast völlig einkochen lassen. Das Wasser dazugeben und alles etwa anderthalb Stunden köcheln. Die Brühe durch ein Sieb passieren, entfetten, nochmals aufkochen und dann kalt stellen.

Quenelles de brochet

Hechtklöße

Rezeptur für 6 Personen

100 g Hechtfleisch, Salz, weißer Pfeffer aus der Mühle, Muskat, 4 Eiweiß, 100 g Butter, Salz, 1/2 l Fischsud (siehe Grundrezept Seite 65)

Für die Panade:

100 g Milch, Salz, weißer Pfeffer aus der Mühle, Muskatnuß, 20 g Butter, 60 g Mehl, 4 Eigelb

Panade: Die Milch mit etwas Salz, Pfeffer und Muskatnuß sowie Butter aufkochen lassen und das Mehl hineingeben; mit einem Kochlöffel wird die Masse so lange gerührt, bis sie sich vom Rand des Topfes löst. Sie wird mit Ölpapier abgedeckt und kalt gestellt.
Hecht: Das Hechtfilet durch die feine Scheibe des Fleischwolfs drehen und in den Mixer geben. Gewürze und ein Eiweiß nach dem anderen hinzufügen und das Ganze fein pürieren.
Dann kommt auch die in kleine Stücke zerteilte, gekühlte Panade sowie die Butter in den Mixer und wird mitpüriert. Die Masse sollte mindestens einen halben Tag durchkühlen.
Hechtklöße: Aus der gekühlten Masse werden mit zwei Suppenlöffeln 6 ovale Nocken herausgestochen und in heißem Salzwasser, das nicht kochen darf, etwa 30 Minuten pochiert. Anschließend die Klöße in Eiswasser abkühlen, auf ein Blech legen und mit einer nassen Serviette bedecken.
Den Fischsud aufkochen, die Nocken einlegen und mit einem Deckel fest verschließen. Die Hechtklöße 30 Minuten ziehen lassen.

Sauce marchand de vin

Marchand-de-vin-Sauce

Rezeptur für ca. 10 Personen

4 cl Olivenöl, 500 g Schalotten, 1–2 Stücke Würfelzucker, 15 g Knoblauchzehen, 20 g frische Lorbeerblätter, 5 g frischer Thymian, 1 kleiner Rosmarinzweig, 2 Nelken, 1 l Beaujolais, 1 kg Fleischextrakt, 40 g Petersilienstengel

Die geschälten Schalotten läßt man langsam in heißem Olivenöl zusammen mit dem Würfelzucker braune Farbe nehmen, gibt dann die Aromaten dazu und röstet sie ca. 5 Minuten mit, füllt mit dem Beaujolais auf und läßt die Sauce fast ganz einkochen. Dann fügt man das Fleischextrakt und die Petersilienstengel bei, kocht alles nochmals sachte 20 Minuten und preßt die Sauce kräftig durch ein Spitzsieb.
Diese Sauce können Sie eine Woche im Kühlschrank aufbewahren.
Bei Gebrauch sollten Sie einige Löffel davon aufkochen, Butter einschwenken und gut pfeffern.

Le feuilletage

Blätterteig

Für den Wasserteig:

300 g Mehl, 20 g Salz, 1 1/2 dl Wasser

Für den Butterteig:

150 g Mehl, 500 g Butter

Die Zutaten für beide Teige gut verkneten und im Kühlschrank eine halbe Stunde ruhen lassen.
Anschließend wird der Butterteig zu einem Rechteck von 60 ×

30 cm ausgerollt, der Wasserteig zu einem 30 × 30 cm großen Quadrat. Danach legt man den Wasserteig auf die eine Hälfte des Butterteigs und deckt ihn mit der anderen Hälfte zu. Mit dem Finger die Seiten gut andrücken. Wichtig ist, daß die Seiten völlig mehlfrei sind, weil der Teig sonst nicht so gut aufgehen kann. Den eingeschlagenen Teig noch einmal eine halbe Stunde ruhen lassen.

Jetzt wird der Teig in Form eines Rechtsecks von 60 × 30 cm ausgerollt und in drei Teile geteilt – den Teig dabei jedoch nicht durchschneiden, sondern nur eine Markierung eindrücken. Der rechte Teil wird auf den mittleren Teil gelegt und darauf der linke Teil. Vor dem Zusammenlegen das Mehl abwischen. Den Teig nochmals auf die Form eines Rechtsecks ausrollen, danach in vier Teile teilen. Die beiden äußeren Teile auf die inneren legen und dann beide Teile zusammenlegen.

Nach dieser »doppelten Tour« muß der Teig noch einmal zum Ausruhen in den Kühlschrank gestellt werden. Danach wiederholt man die letzten beiden Arbeitsgänge noch einmal und läßt den Teig anschließend noch mindestens zwei Stunden ruhen, da er sonst »nervös« ist und bei der Verarbeitung zu ungleichmäßig aufgeht.

Mit einem scharfen Messer schneidet man nun den Teig, der unbedingt fest sein muß, damit es einen glatten Schnitt gibt, zurecht. Vor dem Ausstechen noch eine Weile stehen lassen. Zum Tiefgefrieren wird der Teig in passende Stücke geschnitten.

Beim Backen in den auf 190° vorgeheizten Backofen schieben und bei geschlossenem Abzug zunächst 5 Minuten backen. Dann die Temperatur auf 160° reduzieren und knusprig backen.

Crêpes parmentier

Kartoffelcrêpes

Rezeptur für 4 Personen

2 mittelgroße Kartoffeln, 2 Eier, 4 cl Sahne, 2 cl Milch, Salz, Muskat, etwas Olivenöl

Gerät:

1 Pfanne mit dicken Boden

Vorbereiten

Die Kartoffeln waschen und weichkochen. Anschließend schälen und passieren.

Zubereiten

Die noch heißen passierten Kartoffeln mit Eiern, Sahne und Milch vermengen, mit Salz und Muskat abschmecken und eine Stunde ruhen lassen.
Anschließend zweimarkstückgroße Crêpes aus der Masse formen.
Eine Pfanne mit dickem Boden erhitzen, den Boden mit Olivenöl bestreichen und die Crêpes darin von beiden Seiten knusprig braten.

Ausgezogener Strudelteig

Rezeptur für 4 Personen

250 g Mehl, 25 g Öl, 1/8 l Wasser, 1 Ei, Salz, etwas zerlassene Butter

Vorbereiten

Aus den genannten Zutaten auf einem unbemehlten Brett einen halbweichen Teig kneten, bis dieser sich von den Händen löst und glatt ist. Nun den Teig auf ein bemehltes Brett oder einen Teller legen, die Oberfläche mit Öl bestreichen - damit sich keine Haut bildet - und etwa 30 Minuten ruhen lassen.

Zubereiten

Den ausgeruhten Teig auf einem bemehlten Tuch zu einem rechteckigen Fleck ausrollen und nach allen Seiten mit der Hand so dünn wie möglich ausziehen. Man greift dazu mit dem bemehlten Handrücken der einen Hand unter den Teig und beginnt mit der anderen, immer von der Teigmitte ausgehend, in Richtung Tischkante vorsichtig zu ziehen. Der Teig muß schließlich papierdünn über die Kanten des Tisches gespannt sein.
Nun wird der Teig mit der gewünschten Füllung bestrichen und mit Hilfe des Tuches aufgerollt. Auf ein gefettetes Backblech gleiten lassen, mit zerlassener Butter bestreichen und im vorgeheizten Backofen bei ca. 210° etwa eine Stunde backen. (Die Backzeit richtet sich nach der Füllung.)

Terrine de foie gras

Entenstopfleber- oder Gänseleberterrine

Rezeptur für 8 Personen

2 frische rohe Entenstopflebern à 500 g, Salz, 1 Prise Zucker, 1 Prise Muskat, 1 Messerspitze Gewürzmischung (in Puderform, im Handel erhältlich), 2 g weißer Pfeffer aus der Mühle, 2 cl Porto, 2 cl Armagnac oder alter Cognac, 1 cl Sauternes, 150 g ungesalzener frischer Speck

Vorbereiten

Die Entenstopflebern in eine Schüssel geben und vollkommen mit kaltem Wasser bedecken. Grobes Salz (pro Liter Wasser 20 g) und reichlich Eiswürfel hinzufügen und das Ganze über Nacht 12 Stunden in den Kühlschrank stellen.
Am nächsten Tag wird die Leber herausgenommen und mit einem Tuch trockengewischt. Sie soll beim Entnerven Zimmertemperatur haben. Anschließend werden die beiden Entenlebern vorsichtig auseinandergebrochen (in eine größere und eine kleinere Hälfte) und die Gallenflecken sorgfältig mit einem kleinen Messer entfernt. Es darf auch nicht eine Spur von Galle zurückbleiben, weil das den Geschmack beeinträchtigen würde.
Danach behutsam die Haut abziehen und die Nerven und sämtliche sichtbaren blutigen Adern entfernen und die Leberhälften wieder in ihre ursprüngliche Form bringen.
Die größeren Entenleberhälften an der schmalen Seite mit einem Messer mit feiner Klinge zur Mitte hin in Richtung Hauptnerv aufschneiden und auseinanderklappen. Nun den Nervenstrang am oberen Ende packen und langsam von oben nach unten herausziehen.
Die kleineren Leberhälften werden genauso behandelt.
In einer Schüssel vermischt man nun Salz, Zucker, Muskat, Gewürzmischung und den frisch gemahlenen Pfeffer und bestreut damit die Leberteile gleichmäßig auf beiden Seiten.
Porto, Armagnac und Sauternes auf eine Platte gießen, die Leber daraufsetzen und einige Male mit der Flüssigkeit begie-

ßen. Mit Silberfolie abgedeckt für 12 Stunden in den Kühlschrank stellen und marinieren, dabei des öfteren mit der Marinade begießen. Falls vorhanden, kann man einige frische schwarze Trüffeln beigeben.

Zubereiten

Den Backofen auf 70° vorheizen und eine mit Wasser gefüllte Pfanne hineinschieben.
Eine Terrinenform mit den Speckscheiben auslegen. Die Speckscheiben sollen 3 cm über den Rand der Form hinausstehen, damit sie über der Leber zusammengeklappt werden können.
Nun wird die eine der großen Leberhälften mit der Rundung nach unten in die Form gelegt, sämtliche Löcher werden mit Hilfe eines Suppenlöffels zugestrichen. Die kleineren Leberhälften darauflegen und glattstreichen. Die zweite große Leberhälfte mit der Rundung nach oben darauf setzen und mit der Handfläche anpressen. Es sollen keine Löcher und Zwischenräume bleiben, da sich sonst grüne Stellen bilden würden. Nun die Speckscheiben über der Leber zusammenklappen, den Terrinendeckel aufsetzen und die Terrine im Wasserbad eine Stunde lang pochieren.
Gänseleber-Terrine wird genauso zubereitet, doch sollten Sie statt Porto Madeira verwenden.

Mousse de brochet

Hechtmus

Rezeptur für 4 Personen

250 g Hechtfleisch (ohne Haut), Salz, Pfeffer, Muskat, 1 Eiweiß, 1/4 l Crème double

Gerät:

4 kleine Auflaufförmchen

Vorbereiten

Das Hechtfleisch durch die feine Scheibe des Fleischwolfs drehen und in einer Schüssel auf Eis kalt stellen. Dann mit Salz, Pfeffer und Muskat würzen, nach und nach das Eiweiß kräftig einrühren und die Crème double langsam dazugeben. Die Masse durch ein Haarsieb streichen und kalt stellen. Die Auflaufförmchen gut ausbuttern und ebenfalls kalt stellen.

Zubereiten

Das Hechtmus in die Förmchen füllen und fest klopfen, damit die Luft entweicht. Im vorgeheizten Backofen bei 200° im Wasserbad etwa 25 Minuten garen und dann 5 Minuten ruhen lassen.

Anrichten

Das Hechtmus auf tiefe vorgewärmte Teller stürzen.

Witzigmann rät,

dazu Schalottenbutter, Sauerampfer- oder Krebssauce zu reichen. Die Hechtmusmasse läßt sich übrigens einfrieren und steht dann bei Bedarf rasch zur Verfügung.

Les menus des quatre saisons

Die Menüs der vier Jahreszeiten

Menüs, also Speisenfolgen für festliche Gelegenheiten, sollten immer der jeweiligen Jahreszeit und dem Angebot der Saison entsprechen. Nicht nur, weil dann die gewünschten Produkte besonders frisch sind, sondern weil man auch in der Großen Küche bei aller Erlesenheit der Zutaten die Preise im Auge behält. Das große Menü stellt aber nicht nur höchste Ansprüche an die Qualität der Produkte, sondern verlangt auch die gekonnte Kombination der Gerichte.

Zum festlichen Menü an einem schönen Frühlingstag könnte man seinen Gästen z.B. Kressesalat mit Froschschenkeln und Lachs auf Schnittlauchsoße servieren. Danach gibt es Lammfilets mit Spinatfüllung in knusprigem Blätterteig gebacken, und als Dessert ein duftiges Soufflé aus frischem Rhabarber, mit Ingwer parfümiert.

Das Sommermenü nimmt seinen Anfang mit einem Entenmus, dem zarte Forellenfilets mit Krebsen in Kaviarsoße folgen; sodann Kalbskotelett mit dekorativer Garnitur aus Artischocken, Tomaten, Prinzeßböhnchen und Kartoffeln, und schließlich ein süßes Finale in Form von Erdbeerstrudel.

Der Herbst bringt frisches Wild in die Küche, und so empfehlen sich zum festlichen Menü im Oktober oder November mit frischer Gänseleber gefüllte Wachteln und Hasenfilets mit hausgemachten Nudeln. Beim Zwischengericht überraschen Sie sich und Ihre Gäste mit Broccoli-Flan und Venusmuscheln; Birnentörtchen beschließen das herbstliche Mahl.

Das Wintermenü, z.B. die festliche Speisenfolge zu Weihnachten oder Sylvester, beginnt mit einem Schneckensalat, gefolgt von Karpfenfrikassee, das wiederum Appetit macht für Entenbrust mit Olivensoße. Und als herzhaftes Dessert bildet der Milchrahmstrudel einen harmonischen Ausklang.

Salade de feuilles de cresson aux grenouilles et morilles

Escalope de saumon à la ciboulette

zu salade de feuilles de cresson aux grenouilles:
Muscadet De Sévre et Maine 1976,
Domaine du Cleray, Loire oder Bourgogne Aligote 1976

zu escalope de saumon:
Corton-Charlemagne 1973, Aloxe-Corton/Bourgogne oder
Chablis Grand Cru Les Preuses 1975, Bourgogne oder
Pouilly Fumé 1976, Loire

zu filets d'agneau en croûte: Château Gazin 1966 oder
Château Petit-Village 1966, Pomerol oder Château Magdelaine 1967 oder
Château Trotte-Vieille, St.-Emilion

zu soufflé à la rhubarbe:
Laurent Perrier 1969 oder Lanson 1971 oder
Ruinart Reservé 1966, Champagne

Soufflé à la rhubarbe

Filets d'agneau en croûte

Mousse de canard

Emincé de filet de truite aux écrevisses Moscovite

zu mousse de canard und filet de truite:
Riesling Réservé 1975, Elsaß oder Pol Roger 1969, Champagne oder
Corton-Charlemagne 1966, Bourgogne oder Sancerre 1976, Loire

zu côtelette de veau:
Brouilly oder Saint-Amour 1976, Beaujolais oder
Crozes Hermitage 1972, Rhône

zu Erdbeer-Strudel:
Château Suduiraut – Château d'Yquem Sauternes 1959,
Bordeaux Blanc oder
Luis de Piper Heidsieck Demi-Sec 1970, Champagne

Côtelette de veau

Mille feuilles
de fraises »Walter Glocker«

Cailles farcies

Flan de brocoli
aux clovisses

zu cailles farcies:
Gewürztraminer 1973, Elsaß oder Tokay d'Alsace 1975 oder
Meursault-Charme 1969, Bourgogne

zu flan de brocoli aux clovisses:
Château du Châtelard 1976, Beaujolais-Blanc

zu filet de râble:
Nuits St.-Georges 1966 oder Romanée St.-Vivant 1964, Bourgogne oder
Margaux Château Kirwan 1967, Bordeaux

zu tarte aux poires:
Bernkasteler Doktor Auslese 1967 oder
Wehlener Sonnenuhr Feine Auslese 1966

Sauté de filet de râble aux nouilles fraîches

Tarte aux poires chaudes à la minute

Salade d'escargots Maître Henry

Pörkölt de carpe aux piments doux

zu salade d'escargots:
Château Doisy Daëne 1971, Bordeaux-Blanc oder
Riesling Grand Cru 1975, Elsaß

zu pörkölt de carpe:
Chablis Grand Cru 1972 oder
Musigny Blanc 1969, Bourgogne

zu maigret de canard:
Chambolle-Musigny Les Amoureuses 1959, Bourgogne oder
St.-Estèphe Calon-Ségur 1964, Bordeaux

zu Milchrahmstrudel:
Krug Crémant oder Heidsieck Demi-Sec, Champagne

Milchrahmstrudel

Maigret de canard
au coulis d'olives

Table alphabétique des recettes

Die Rezepte dieses Buches

Auto Grill

2 kg

150 g Semeln
100 g durchgedrehtes Kalbsfleisch
100 g Kalbsbries

Mokkalikör
löslicher Kaffee
1 Vanilleschote
300 g Schlagshane